ELS CAMINS DE PALMA
(Volum primer)

LLIBRES DE LA NOSTRA TERRA · 130

Bartomeu Carrió
Joan Carles Palos

ELS CAMINS DE PALMA
(Volum primer)

MALLORCA · 2020

Coberta: Vista del litoral de l'àrea natural del Carnatge

Frontispici: Torre de molí i safareig de Can Carles,
al camí de Son Binissalom (Sant Jordi)

Primera edició: novembre de 2020

© Bartomeu Carrió i Joan Carles Palos, 2020

© De les fotografies: Joan Carles Palos, 2020

© Dels mapes: col·laboradors d'OpenStreetMaps, 2020

© D'aquesta edició:

Apartat de Correus, 828 ⁄ C/Joan Bauçà, 33 - 1r
07080 Palma (Mallorca) ⁄ 07007 Palma (Mallorca)

Telèfon 971 25 64 05
editorial@lleonardmuntanereditor.cat
www.lleonardmuntanereditor.cat

ISBN: 978 - 84 - 17833 - 58 - 9
Dipòsit legal: PM - 878 - 2020

PRÒLEG

Benvinguts a conèixer món,

El que teniu a les mans és la primera fita d'una ruta que tot just acabam de començar. *Els Camins de Palma (Volum primer)* és molt més que un recull d'itineraris per la zona periurbana del municipi de Palma; és, sobretot, la reivindicació d'un espai que sovint ens passa desapercebut.

Aquesta Palma, ni els nostres ulls, ni tampoc el nostre enteniment, són capaços de percebre-la amb claredat, ni molt manco d'interpretar un entorn que ens passa de pressa per la finestra del cotxe, l'autobús o el tren. Perquè hi ha una Palma completament distinta de la que estam acostumats a parlar, escriure o visualitzar per instagram, en postals o estampes de tot color i format. Una Palma que atresora històries, llegendes i essències que no són tan sols les d'una ciutat oberta cap a la mar i cosmopolita, sinó d'una extensa superfície que s'estén cap a l'interior, d'on sobresurten turons i muntanyes per damunt prats i planes immenses.

El traçat de l'antiga murada de Palma, el darrer recinte emmurallat de la ciutat, ha estat durant segles l'última frontera, el *non plus ultra* dels historiadors que estudiaven el desenvolupament —urbanístic, social i cultural— d'una ciutat mil·lenària que s'establí dalt d'un turó sobre la badia. Una realitat encara constatable a la façana marítima, entre els baluards de Sant Pere i del Príncep, i només visible per la seva empremta de segles en el traçat de les Avingudes —l'antic fossat— i també de la Riera, després d'abandonar l'antic curs per l'interior de la ciutat —Rambla, carrer del Teatre, Unió i Born.

Quan caigué una part important del nostre patrimoni i Palma s'esbandí cap als vells horts i conreus extramurs, sobre els que ja existien establits com Santa Catalina, es Jonquet, sa Vileta, Son Sardina, sa Indioteria, la Soledat, es Molinar, es Coll d'en Rabassa o Sant Jordi i els que començaren a existir de Son Ferriol, es Pillarí, etc., l'urbanisme de l'Eixample va anar esborrant progressivament la imatge d'una Palma rural, que cada vegada es feia més enfora del seu centre. Dècades després, amb la construcció de la Via de Cintura (Ma-20), a començament dels anys 90, els nous traçats viaris encerclaren de bell nou Palma amb una murada més permeable que l'anterior però que no deixava de ser una barrera, física i psicològica, que estrenyia encara més el fora vila ciutadà, entre la nova autovia i la seva demarcació municipal.

A la història de la Palma més antiga, la que començà la vida a l'espai que ara ocupen la Seu, el Palau del Bisbe, l'Estudi General Lul·lià i l'Almudaina, la seguí una nova Palma, a fora porta, que començà a modelar-se a principi del segle XX, quan caigueren les murades. Les antigues denominacions geogràfiques condicionades per la Riera, Canamunt i Canavall, i per les murades, intramurs i extramurs, foren suplantades per les del Centre Històric i l'Eixample.

És sabut que l'arxipèlag de Cabrera —parc nacional marítim i terrestre—, el bosc de Bellver i la serra de na Burguesa són els tres espais naturals per excel·lència del nostre municipi. Cadascun d'ells amb la seva pròpia història i rellevància cultural i natural. Però no oblidem que la perifèria de l'urbs principal també alberga encants i sorpreses a descobrir. Altres espais naturals on sobreviu amb dificultat una part del sector primari de la nostra illa, els vells modeladors reals del paisatge.

Aquí pretenem donar a conèixer la zona periurbana, de fora vila, on trobam encara les síquies que proveïen d'aigua la ciutat; les possessions que indicaven la titularitat del territori i l'organització de les feines a través dels seus horts i sementers; els camins per on discorria el blanc seguici de la transhumància; els talaiots, hipogeus i navetes de la prehistòria al voltant dels quals feien vida i mort els mallorquins prehistòrics; una albufera, el Prat, que desaparegué dessecada per un jove enginyer holandès, Pau Bouvy, posteriorment ocupada per l'aeroport de Son Santjoan i que ara sobreviu com el petit espai de ses Fontanelles; bateries antiaèries escampades per espais estratègics, fars, torres de vigilància i fortaleses.

Els camins de Palma té un sentit reivindicatiu. Per un costat, la necessitat de tenir cura del nostre patrimoni paisatgístic, cultural i etnològic com a part essencial de la nostra manera de ser com a poble —o municipi. Per l'altre, com a forma d'assenyalar la importància de preservar determinades vies de comunicació que connecten els diferents nuclis de població del municipi, entre ells i el centre de la ciutat, i que també li donen sortida cap a la seva àrea metropolitana, els municipis que envolten la capital de l'illa: Calvià, Marratxí i Llucmajor, els principals per extensió i interacció demogràfica, però també Esporles, Bunyola, Santa Maria, Santa Eugènia i Algaida. El disseny viari del municipi ha prioritzat els vehicles i s'ha oblidat per complet de l'aprofitament d'aquestes velles camades i abandonats traçats ferroviaris per a l'impuls d'una mobilitat més sostenible i adequada als nous temps.

Volem rompre una llança a favor d'aquest territori periurbà, entre la via de cintura i la demarcació municipal, com a mostra d'una petita part forana d'una urbs que comença a perdre caràcter i autenticitat.

Les rutes que us oferim en aquest llibre, el primer d'una sèrie sobre els camins de Palma, se centren en el sector oriental del municipi. Una zona que aplega tot el Pla de Sant Jordi i la costa de s'Arenal —Son Ferriol, s'Hostalot, sa Casa Blanca, Sant Jordi, s'Aranjassa, es Pil·larí, ses Cadenes, s'Arenal, Can Pastilla i es Coll d'en Rabassa— i que connecta amb altres municipis com Llucmajor, Algaida i Marratxí. Passejades per antics vials per on altre temps transitaven carros, traginers i pastors amb guardes d'ovelles de camí cap a la serra o de retorn a les terres de migjorn de Llucmajor i Algaida. Itineraris documentats on l'ombra de la història, rondalles, llegendes, crònica negra, temuts bandejats i tradicions ancestrals donen color i sentit a caminades agrisades per l'asfalt.

El que en gran part recorrem en aquest primer llibre és un paisatge cultural importantíssim però no gens valorat. Paisatge cultural, segons la Convenció del Patrimoni Mundial —World Heritage Convention, UNESCO 1972—, és aquell que ha combinat el treball de l'home i de la naturalesa i, en això, el Pla de Sant Jordi en va ben servit. L'inici, el naixement d'aquests nuclis de població del llevant de Palma es troben a mitjan segle xix i fins i tot a principis del segle passat. Abans gairebé no existia cap d'aquests nuclis que suara hem esmentat. Però sí que hi havia un paisatge que ja havia estat resultat de cultures històriques anteriors. Pel Pla de Sant Jordi i s'Arenal hi han passat els pobles talaiòtics, els púnics, els romans —vàndals i bizantins inclosos— i els àrabo-berbers —avui, dels segons, en diríem amazics— en diferents colonitzacions. Hi ha hagut la conquesta romana, la dels andalusins, el parèntesi de la Croada Pisano-Catalana, la conquesta catalana de Jaume I —el nostre rei mite històric—, la castellana de Felip V, i encara alguna més. I totes han deixat petjades en un indret de més de 3.000 anys d'història.

El paisatge cultural més recent, en termes històrics, és el de la colonització del territori a partir de l'esmentada dessecació del Prat. Mentrestant, i després, hi ha hagut un continu procés d'urbanització dels nuclis que avui coneixem, i de parcel·lació de terres per a l'agricultura com a extensió de l'Horta de Baix amb el creixement poblacional, com a conseqüència de la industrialització i el comerç. Aquesta expansió també anà acompanyada de les pedreres de marès necessàries per al desenvolupament urbà. I finalment per a un incipient primer desenvolupament turístic de la costa fins a s'Arenal —abans es Republicans—, nucli de població inicialment dins el municipi de Llucmajor.

De la colonització en possessions, que prové de la conquesta catalana, i que encara forma part del nostre paisatge cultural, passam a la d'un Pla de Sant Jordi especialment dividit en horts conreats amb tota casta d'hortalisses per a la ciutat, i també de farratge, especialment, per a les vaques i la producció de llet.

10

I també carn diversa de porquí i oví. D'aquest paisatge passàrem a una fatal i continuada degradació com a conseqüència, en especial, del trasllat de l'aeroport civil de Son Bonet —Marratxí— a Son Santjoan, a partir de 1959-1960, que afavorí un turisme sense aturall i, d'aquests, a la política de carreteres i autopistes, liquidant fins i tot el ferrocarril de Santanyí (1916-1964), i la urbanització sense el control mediambiental que hauria estat necessari per a la sostenibilitat del territori.

El paisatge cultural que tenim és el resultat de tot això i, a pesar del seu estat actual, encara es pot aprofitar per a l'oci de veïns i visitants, i unir-nos en la lluita per conservar-lo i millorar-lo al màxim. No només ens n'hem d'aprofitar, també n'hem de gaudir en la seva totalitat, a més de recuperar-lo per a l'agricultura perquè, sense ella, mala ferida tindrà aquest paisatge. I més ara amb la pandèmia.

El Comitè del Patrimoni Mundial va revisar el 1992 la feina feta per la Convenció de 1972 en el sentit que el paisatge cultural s'havia d'identificar, protegir, conservar i fer arribar a les generacions futures. Amb el nostre llibre pretenem contribuir a identificar el paisatge cultural del Pla de Sant Jordi, una primera passa per a saber el valor del que s'hauria de conservar.

No demanam, per a aquesta zona periurbana de Palma, un tractament com el de la Serra de Tramuntana, paisatge cultural declarat Patrimoni Mundial per la UNESCO el 2011; però tampoc no hauríem de permetre, les administracions les primeres, que per no tenir aquesta rellevància, el paisatge cultural del municipi de Palma s'hagi de deixar degradar més.

El paisatge cultural del Pla de Sant Jordi, pel que fa a la part agrícola, necessita el desenvolupament de la feina ja començada en estudis, jornades i conferències aquests darrers anys, tant per l'Ajuntament de Palma com el Consell de Mallorca i el Govern de les Illes Balears. Una feina en el sentit d'establir un parc agrari per tal de tornar a l'agricultura el pes que li correspon; una agricultura de proximitat, de quilòmetre zero. En aquesta tasca hauria de participar activament el govern espanyol pel que fa tant a invertir-hi pressupostàriament com pel que depèn dels organismes que controla. Com també la Unió Europea. I això tant bo seria per al turisme com per a l'agricultura o per al benestar dels ciutadans i residents. El tema de l'aigua, en un espai inundable i inundat de manera freqüent, no pot esperar gaire més temps.

En un moment de crisi climàtica hem de contribuir també a fer unes comunicacions més sostenibles. No tot ha de ser el cotxe. D'aquí que s'ha de fomentar en primer lloc l'anar a peu o en bicicleta. I les diferents rutes que oferim haurien de ser objecte d'atenció de les nostres institucions per a la seva millora.

Tenim un paisatge de pobles que ja tenen la seva història i patrimoni artístic, sense oblidar el patrimoni immaterial. Tenim jaciments talaiòtics, possessions medievals, conduccions d'aigua amb forma de síquies, torrents, canalitzacions, petits aqüeductes, sínies, molins, safareigs, etc. Molins, sínies, i altra maquinària, que forma part del patrimoni historicoindustrial que el Consell de Mallorca va recuperant, a poc a poc, però que ho fa. Els dos molins de Can Morei, a prop de s'Aranjassa, formen part de la Ruta de Molins de l'Euroregió —Occitània, Catalunya i les Illes Balears— en la qual el Departament de Cultura i Patrimoni del Consell de Mallorca hi treballa i participa.

Tenim la recent feina arqueològica a l'illot de sa Galera, a Can Pastilla, i en part, a Cas Quitxero, a Sant Jordi, a més de les fetes, cap a finals dels 1960, a corre-cuita a So n'Oms per causa de l'aleshores projecte de construcció de la segona pista de l'aeroport. I tenim, sobretot, molts altres jaciments arqueològics per excavar i protegir, com els hipogeus de Son Sunyer en es Pil·larí, o les navetes des Rafal i de Cas Muros —Son Ferreret— a Sant Jordi.

En gran part del recorregut es poden observar també naturalesa, flora i fauna autòctones. Fauna especialment d'aus que poblen tant ses Fontanelles, com les parts més anegades del Prat, com a molts d'horts arreu. I fauna en general per tot, especialment a les zones de garriga del Torrent des Jueus, de Son Binissalom, de Son Gual, de Xorrigo o s'Aranjassa. En aquesta fauna hi podem arribar a veure llebres, conills, fures, genetes, mostels, tortugues, garses, gorrions, perdius, tórtores, puputs i aus migratòries. I flora en part molt diferent segons l'estació de l'any i l'indret: vinagrella, roselles, albons, porrasses, cardasses, esparegue-res, mata llentisclera, ullastres, el *Limonium barceloi* —la saladina de ses Fontanelles—, a més dels cultius de secà que queden com els ametlers o els garrovers.

Amb tot, aquest llibre és, en gran part, una història del Pla de Sant Jordi que tracta a fons, sobretot però no exclusivament, el segle xx. És una passejada d'història i una història passejada. Tant si és per fora vila com pels diferents pobles, es fa menció tant del tren, com de les pedreres i dels trencadors, com de l'agricultura i els pagesos, com del turisme, com de les relacions econòmiques, socials, religioses, militars i polítiques. Una història en part referi-da a les conseqüències de la Guerra Civil i, per tant, amb atenció a la memòria històrica. Restauració, Segona República, Guerra Civil, Segona Guerra Mundial, Franquisme i els darrers quaranta anys amb els seus encerts i algunes misèries també.

En definitiva, un espai entre part de la capital de Mallorca i els pobles. Entre ciutadà i pagès. Entre botiguers, taverners, artesans, trencadors... Entre la terra i el mar. Un espai unitari i divers que el nostre llibre espera copsar amb la pretensió que els seus lectors i els que segueixin camins també ho facin.

Bartomeu Carrió
Joan Carles Palos

13

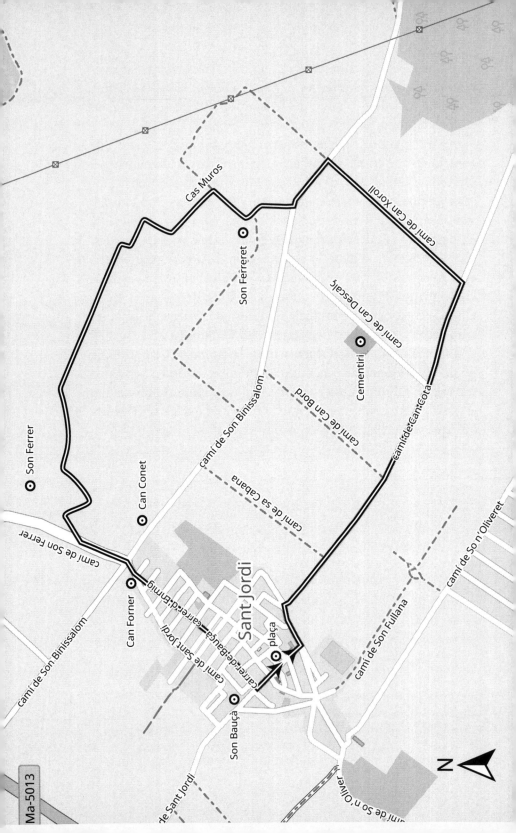

SON FERRER DE SANT JORDI

INICI: Plaça del Bisbe Planas de Sant Jordi. Per arribar-hi podem fer servir les línies 14 i 31 de l'EMT (parada 834 i 811).
DURADA: 1h 40' (ruta circular).

Son Ferrer és la possessió més antiga de Sant Jordi i històricament ha configurat els orígens de la contrada. El paisatge que contemplam és una combinació d'horta i de secà d'aquesta part oriental del Pla de Sant Jordi, en direcció cap a Llucmajor i Algaida pel camí de Son Binissalom, com també de garriga. La d'horta és més petita i sobretot abunda la dedicada a farratges, encara que també es conrea hortalissa en alguns horts. La de secà està dedicada, tot i que amb una total decadència, a ametllerar o garrovers. Darrerament també hi ha presència d'oliveres. Alhora hi ha pastura per a ovelles i cabres. Pels camins que transitam trobam mates o llentiscles, ullastres i diferents plantes herbàcies en funció de l'estació de l'any: albons, fonoll, espàrecs, vaumes ['malves']...

És una de les rutes més autèntiques pel que fa a natura i història rural del Pla de Sant Jordi. A més, passam per les possessions o propietats de Son Fullana, Son Ferreret, Son Ferrer i Can Conet. Per dins el poble també ho feim per la de Son Bauçà. Amb tot, parlarem tant de la història de les possessions com de capítols trists de la història local que no deixen de ser, per això, gens universals.

15

Conjunt arquitectònic de les cases de Son Ferrer.

RUTA: 00' Arrencam la ruta a la plaça del Bisbe Planas, des d'on sortim en direcció sud-est pel carrer de Sant Jordi, de baixada cap al camí de Can Cota, mentre deixam a l'esquerra l'escola pública.

Des de plaça, al cantó del nord-est, podem veure el cafè-restaurant Quirante, fundat el 1969 per un grup de persones encapçalades per l'Amo en Mateu Campet. Mateu Verd Cantallops fou un mercader de bestiar i empresari de moltes coses, conegut a la contrada. Fou el darrer propietari del Cine Garí, que es trobava al carrer de l'Arada, a l'altra part de la plaça, actualment un supermercat.

L'escola de Sant Jordi va ser projectada i començada durant la República en estil regionalista per tres arquitectes: Garau, Oleza i Ribes. Per això es feu el projecte municipal de construccions escolars en el qual hi va tenir un paper destacat, primer com a president de la Comissió de Cultura i després com a batle de Palma, el metge, activista cultural i polític Emili Darder Cànaves (1895-1937), que els falangistes afusellaren al cementiri de Palma, acusat de republicà i catalanista.

[05'] Giram a l'esquerra per l'esmentat camí de Can Cota —que també du al cementiri, als afores del poble— i ja no l'abandonam fins que, després d'haver deixat tres camades a l'esquerra —el camí de sa Cabana, el de Can Bord i el del cementeri o de Can Descalç—, prenem la quarta, el camí de Can Xoroll.

En el camí de Can Cota hi hagué, el 1903, un assassinat del qual se n'ha parlat molt poc, però que encara hi ha gent que recorda a partir de narracions dels seus pares o padrins. La nit del 25 al 26 de juliol, a devers un quilòmetre de Sant Jordi, va ser assassinat el sen Cota, Antoni Mesquida Sansó, de 67 anys, que sobre les 12 de la nit havia abandonat la taverna de Can Bolero, que es trobava a plaça —aleshores la plaça de l'església— per a tornar a casa seva. El cos del sen Cota —germà d'altres Cotes i, en concret, del que va vendre els terrenys per fer el cementeri de Sant Jordi, el 1882, que era Joan— va ser trobat per uns veïnats que a les 4 de la matinada baixaven al poble per anar a missa. El cas es pot consultar a la premsa de l'època i a la bibliografia que hem oferit. Varen ser acusats i tancats dos santjordiers, molts d'altres anaren a declarar i el jurat popular va absoldre els acusats; un cas no resolt per la justícia.

Consultant la premsa d'aleshores —*La Almudaina*, *La Tarde*, etc.— per tal d'aclarir aquest cas, es comprova com en aquella època hi havia molts d'altres assassinats a diferents pobles —el més famós, el de Son Sardina, en què fou mort un policia local— i també robatoris freqüents —en el nostre cas, especialment, per tota la zona que passam, però a tot arreu.

[25'] Fins aquí un primer tast del paisatge rural de Sant Jordi; petits horts i sementers, segregats d'antigues possessions, com Son Ferrer o Son Fullana. Prosseguim la ruta pel camí de terra de Can Xoroll, una sinuosa camada entre vells ametllerars i garrigues que ens conduirà fins al camí de Son Binissalom.

[35'] Aquest camí és l'antiga ruta que connectava el poble de Sant Jordi amb les viles de Llucmajor i Algaida, avui ruta de ciclistes de muntanya. Voltam a l'esquerra per aquest camí en direcció sud-oest.

[40'] Poc després a la dreta ens trobam amb un camí fora asfaltar, que ens menarà fins Son Ferreret. La possessió es troba a un centenar de metres de la carretera, el camí gira a la dreta per davant les cases mentre inicia un suau descens. Deixam a l'esquerra una casa i un magatzem, i tot just després, a l'esquerra, veurem la desviació que hem de prendre per seguir la ruta en direcció a Son Ferrer.

Son Ferreret és una possessió que es va segregar de Son Ferrer a mitjan segle XIX i que va ser adquirida per l'enginyer Pere Garau Canyelles —el que dona nom a la plaça de Pere Garau de Palma—, que projectà el trajecte del tren de Sóller, entre d'altres coses. Un dels seus fills fou l'arquitecte Carles Garau Tornabells, autor dels plànols de l'església de Sant Jordi que substituiria, dissortadament, l'antic oratori del segle XIV, i també treballà en els de l'escola pública de Sant Jordi. De Son Ferreret s'observen els camps amb vells i abandonats ametllers i garrovers, a més de mates i ullastres.

Si en lloc de girar a l'esquerra per anar cap a Son Ferrer, seguíssim aquest camí, trobaríem una zona anomenada Cas Muros, a banda i banda del camí, amb restes arqueològiques naviformes o talaiòtiques.

[45'] Travessam un sementer i vorejam una tanca feta de bloquets a la dreta, desembocam a un nou camí que prendrem cap a la dreta per iniciar una sèrie de ziga-zagues que ens duran fins a Son Ferrer, sempre amb la fita clara del puig de Galatzó al fons.

[1h 20'] Arribam a la tanca de la possessió de Son Ferrer, que trobarem a la dreta. Aquí tenim la possibilitat d'acostar-nos i gaudir de la bellesa de les cases, d'assaborir el seu passat històric reflectit en diferents elements visibles a la façana.

La possessió de Son Ferrer rep el nom de la família Ferrer de Sant Jordi, que en fou propietària des de mitjan segle XV fins a 1853, quan els germans Ferrer de Sant Jordi vengueren la propietat.

El 1817 era el propietari Vicenç Ferrer i Morro, comte de Santa Maria de Formiguera, que tenia en propietat unes sis-centes quarterades. La família Ferrer de Sant Jordi adquirí aquest títol el 1746 per casament d'Antoni Ferrer de Sant Jordi Solà amb la seva cosina Jerònia Morro Solà.

Amb el temps l'extensió es feu molt més petita i el nou propietari, a partir de 1853, va ser Bartomeu Borràs, que ja només tenia en propietat unes cent trenta quarterades. Des d'aquest moment la propietat, que se seguí dividint o de la qual se'n segregà part, quedà associada

Torre de molí en el Camí de Can Cota.

a l'esmentada família Borràs. Una de les darreres propietàries, Mercedes Borràs García, es va casar amb el militar Joan Bennàssar Bisquerra, que va fer la guerra al Marroc i després formà part dels militars del bàndol sublevat contra el govern de la República Espanyola el 1936.

Son Ferrer de Sant Jordi té una llarga història. La possessió té més de set segles. Al *Llibre del Repartiment* (1232), escrit després de la conquesta catalana de Jaume I, consta que el Pla de Sant Jordi, *Catí* en àrab —topònim procedent, segons Miquel Barceló, historiador de les Illes Orientals d'al-Àndalus, del poeta Abu Tamman al-Qatini— pertangué a diversos senyors.

La primera referència escrita al Pla de Sant Jordi, amb el nom de Catí, va sortir al *Liber Maiolichinus* —poema en llatí escrit a Pisa entre 1115 i 1120— que narra l'expedició contra Yabisa i Mayurqa, la Croada Pisano-Catalana, dirigida pel comte de Barcelona Ramon Berenguer III entre 1113 i 1115. El papa Pasqual II va concedir-ne la butlla corresponent. En aquest llibre apareixen també, per primera vegada, les paraules català i Catalunya.

Detall de la façana lateral de Son Ferrer i singular finestra d'arc conopial a l'antiga torre de defensa.

Tornant a la conquesta de 1229, aquests indrets, Son Ferrer i Son Gual, passaren a Berenguer de Palou, bisbe de Barcelona; la cavalleria de les Arnaldes. La cavalleria era una de les divisions de l'illa el senyor de la qual havia de tenir a disposició de les autoritats un cavall, armes i cavaller per a la defensa del Regne de Mallorca —instituït pel rei Jaume I a la Carta de Franqueses el 1230.

Berenguer de Palou, un dels quatre magnats de la conquesta, rebé terres dels actuals termes d'Andratx, Estellencs, Puigpunyent i Marratxí, i d'altres al Prat de Sant Jordi, Esporles i a la ciutat mateixa —parròquia de Santa Creu i d'altres parts. El 1323 el bisbe de Barcelona, aleshores Ponç de Gualba, i el rei Sanç I de Mallorca, signaren a Perpinyà el contracte o concòrdia que establia la Baronia del Pariatge —Pariatge del Bisbe de Barcelona—, pel qual ambdós passaven a governar i administrar conjuntament les terres abans esmentades, tal com hem llegit de l'historiador Gabriel Ensenyat.

Un altre historiador, Pere de Montaner Alonso, estableix l'inici del nom de Son Ferrer de Sant Jordi, i de la família Ferrer de

Sant Jordi, en el moment de mitjan segle xv, quan Pere Ferrer, membre de l'estament ciutadà, es casà amb Nicolaua Cantarelles, propietària de l'Alqueria Roja, possessió que passava a anomenar-se Son Ferrer de Sant Jordi.

Des del camí de les cases sortim a un vial asfaltat, el camí de Son Ferrer que connecta Sant Jordi amb es Control, voltam a l'esquerra i seguim en direcció al poble. Just on giram a l'esquerra, enfront, hi ha les cases de l'Hort d'en Conet, més conegut com a Cas Caminer, i al davant unes grans pedres que de segur són reutilitzacions de restes talaiòtiques. També, a mà dreta, hi ha documentats enterraments talaiòtics o anteriors.

[1h 25'] Travessarem el camí de Son Binissalom i entrarem dins Sant Jordi pel carrer d'Enmig, a l'esquerra de Can Forner, que esdevé carrer de Bauçà —de l'antiga possessió de Son Bauçà— a mitjan recorregut abans de desembocar al carrer de Sant Jordi.

En el camí travessam el carrer de Can Conet on podem veure una placa en terra —també l'esmentam a la ruta de la Punta de Son Gual—; una *Stolperstein* de l'artista alemany Gunter Demnig, que recorda el deportat al camp de concentració de Mauthausen Eugenio Balduz Asensio.

Es dona la circumstància que a la casa de l'*Stolperstein* durant la Guerra Civil hi vivia la família Puigserver Ribas, després emparentada amb els Balduz. Aquesta família tenia tres fills que anaren a la guerra. Dos combateren en el bàndol rebel i l'altre serví a la flota republicana. El mariner de nom Josep va morir en aigües de l'Estret de Gibraltar en el destructor Almirante Ferrándiz que fou enfonsat pel creuer Canarias el mes de setembre de 1936. El germà Joan, requeté, morí a Catalunya a principis de 1939. L'altre germà, Antoni, tornà viu a casa.

Aquest mateix carrer també fou escenari de la persecució per part de falangistes del trencador republicà i comunista Bernat Mas Mas l'agost de 1936. Alhora, gairebé just davant de la casa on cercaven Bernat Mas hi vivia el dirigent falangista local Joan Raül Robino Duchesnay «es Franceset».

[1h 40'] En aquest carrer de Sant Jordi voltarem a l'esquerra per arribar a la plaça del Bisbe Planas on tancarem la ruta.

es Rafal →
Ma-15
es Control
punta de Son Gual
camí de sa Siquia
camí de Son Ferrer
Son Gual →
camí de Can Caimari
Ma-5014
Can Real
Son Ferrer
camí de Son Binissalom
Cas Caminer
Can Forner
Can Conet
camí de Sant Jordi
camí de Sant Jordi
carrer d'Enmig
carrer de Bauçà
Son Bauçà
Sant Jordi
plaça
camí de sa Cabana
camí de Son n'Oliver
camí de Son Fullana
camí de Can Cota
N

VOLTA DE LA PUNTA DE SON GUAL

Inici: Plaça del Bisbe Planas de Sant Jordi. Per arribar-hi podem fer servir les línies 14 i 31 de l'EMT (parada 834 i 811).
Durada: 1h 30' (ruta circular).

Una passejada tranquil·la, aquesta de la Punta de Son Gual – es Control, per l'horta més pròxima al turó de Sant Jordi, en la qual podem parlar de diferents aspectes de la història del poble. El primer, l'escola, però ja ho teniu a la ruta de Son Ferrer.

És una caminada de torres de molí, safareigs i canaletes amb algun aqüeducte, la majoria en mal estat, a més de camps cultivats especialment de farratge, sobretot d'alfals. Una ruta que dona per parlar del «pare fundador» dels pobles del Pla de Sant Jordi, l'enginyer holandès i belga Pau Bouvy, així com de les persones de la pagesia i de la indústria artesana i de serveis que hi han treballat al llarg de més d'un segle.

Ruta: [00'] Iniciam la ruta a l'actual plaça del Bisbe Planas, des d'on sortim en direcció sud-est pel carrer de Sant Jordi de baixada cap al camí de Can Cota, mentre deixam a l'esquerra l'escola pública.

Francesc Planas Muntaner (1904-1985) va ser un antic vicari *in capite* del poble, entre 1929 i 1931, que arribà a ser bisbe d'Eivissa de 1960 a 1976 i està enterrat a la Seu de Mallorca. La plaça, fins als anys 60, era un descampat que semblava una garriga, ben al mig del poble, mentre que la vertadera plaça del poble era la de l'església.

S'ha de dir que al *Cens de símbols, llegendes i mencions del bàndol franquista de la guerra civil i la dictadura a les Illes Balears*, elaborat per al Govern de les Illes Balears, s'especifica que Francesc Planas, entre els anys 1935 a 1938 fou rector d'Alaró, que allà va mantenir disputes amb el consistori progressista durant la Segona República i, sobretot, que abans del cop d'estat de juliol de 1936 va permetre que la Falange amagàs armes dins la rectoria. A més a més, afegeix que col·laborà activament en la repressió dels republicans, considerats desafectes al «*Movimiento Nacional*», redactant desenes d'informes desfavorables contra funcionaris i particulars, que en moltes ocasions acabaren en sancions econòmiques o administratives. És per això que, segons la Llei 52/2007 de la memòria històrica de l'estat i la Llei 2/2018 de memòria i reconeixements democràtics de les Illes Balears, aquest nom de la plaça actualment està posat en qüestió.

[05'] Giram a l'esquerra per l'esmentat camí, que també du al cementiri; dos minuts després tornam a girar a la dreta, i poc després a l'esquerra pel camí de sa Cabana que ens durà fins al camí de Son Binissalom. Des d'aquí assolim una visió panoràmica, amb la Pleta de sa Farinera a mà esquerra i la de Son Ferrer a mà dreta, uns bosquets que s'estenen pels vessant nord del serral de Sant Jordi i de Son Ferrer.

[15'] Voltam a l'esquerra pel camí de Son Binissalom fins a les cases de Can Conet. Un cop superades arribarem a la cruïlla del camí de Son Ferrer.

[20'] Girarem a la dreta per aquest camí asfaltat que ja no deixarem fins assolir la Punta de Son Gual i es Control. Primer passam per les cases de Can Sant a l'esquerra, amb una torre de molí especial i un llarg aqüeducte difícil de veure per la tanca que s'hi ha fet. A la dreta tenim les marjades de Can Conet i, al final de la costa, a mà esquerra, les cases de Cas Caminer, amb un portal d'arc de mig punt, retolades amb una placa de ceràmica amb el nom antic d'Hort d'en Conet, que també tenen una bella torre de molí al costat del camí.

I seguint en aquests paratges, passarem també per Son Ferrer i pel camí del mateix nom que fa partió amb les antigues terres de la possessió de Son Gual que, com Son Ferrer, formà part de la Cavalleria de les Arnaldes i del Pariatge del Bisbe de Barcelona, fins que al final del segle xv passà a Pere Gual, que donà nom definitiu a aquesta possessió, on actualment s'hi ha fet un camp de golf.

Al final del camí de Son Ferrer trobam unes cases anomenades Punta de Son Gual i es Control. Aquest darrer nom indica un lloc de control de pes de mercaderia de camions. No fa gaire anys hi havia dos restaurants dels mateixos noms, alhora que uns quants artesans dels quals en queda el taller des Moliner, de tradició familiar, un dels pocs moliners de Mallorca.

[50'] Sortim des Control i de la Punta de Son Gual pel camí de sa Síquia en direcció a Sant Jordi, vorejant el torrent del mateix nom i amb la nova desviació de la carretera a la dreta.

El torrent de sa Síquia ens remet a la magna obra de dessecació del Prat de Sant Jordi projectada i executada per l'enginyer holandès, naturalitzat belga després de la independència de Bèlgica dels Països Baixos, que vengué a viure a Mallorca; Pau Bouvy de Schorrenber (Amsterdam 1807 – Barcelona 1867). Bouvy, que té un carrer dedicat pel qual s'hi passa al final de la ruta, feu estudis geològics de l'illa i, entre d'altres, explotà algunes mines a Mallorca —Caimari, Binissalem— i a Catalunya —el Montseny—, així com treballà en la redacció dels primers projectes de ferrocarril a Mallorca. També volgué atacar la dessecació de l'Albufera de Muro però no va poder ser. Amb la seva tasca de dessecació del Prat de Sant Jordi promogué els primers molins per extreure l'aigua d'una zona humida que durant segles havia estat focus d'epidèmies com la malària. Va ser un dels fundadors de l'Ateneu Balear i membre de la Societat d'Amics del País, entre d'altres. El 1895 l'Ajuntament de Palma el declarà fill il·lustre.

De la situació de paludisme de les terres del Prat de Sant Jordi ens en parla la següent glosa popular:

Caseta del Camí de sa Cabana.

Sementer amb bales de palla al cami de Son Ferrer.

Les *tercianes* [terçanes] de festa
en *cortanes* [quartanes] feien foc,
removien fang i llot
fent volar el moscardell
que picava a tot moment,
tant al jove com al vell,
deixant-lo ferit tot ell,
recordant-li a l'amo antic
que l'espera sempre el llit
per curar tot malferit.

[1h 00'] Trobarem a l'esquerra un pont i un caminet asfaltat que travessa horts i sementers i ens durà fins al camí de Can Caimari, per on seguirem cap a la dreta fins al camí de Son Binissalom. Giram a l'esquerra fins assolir la cruïlla. Abans de girar a l'esquerra, però, podem recordar un dels fets més coneguts, i no per bo precisament, del Pla de Sant Jordi.

A prop des Control, després de les cases de Can Xalet i de Can Caimari, a l'altra part de la carretera de sa Síquia —a mà esquerra mirant des del camí de Son Binissalom—, tot i no passar-hi per davant, es poden veure les cases i torre de molí de Can Real. El 19 de novembre de 1929 es produí, de nit, un crim execrable. El «missatge» —«Home llogat per mesos o per un any per a fer feina en una possessió o lloc (Mall., Men.); cast. *gañán, mozo de labranza*» (DCVB, *s. v.* «missatge»)— de l'hort assassinà la madona —muller de l'amo en aquest cas— i el seu fill petit de menys de tres anys. El marit era a cals sogres, a Algaida. La policia detingué el missatge, que aviat confessà i hi involucrà l'amo. Fou un fet de gran difusió a Mallorca i el judici adquirí unes proporcions d'implicació morbosa i exacerbada de gran part de la població. Sobre la figura de l'amo —marit i pare dels assassinats— es desfermà la ira popular tant o més que sobre el missatge. L'«amo» —«Home que cultiva una possessió rústica, de la qual paga renda al propietari (Mall., Men.)» (DCVB, *s. v.* «amo»)— fou absolt i el missatge —a la premsa anomenat, en castellà, «*gañán*»— condemnat a mort, però amb la pena commutada per cadena perpètua, tot i que al final pogué sortir aviat de la presó amb l'amnistia de presos de la Segona República. La premsa n'anà plena, es va fer una obra de teatre, escrita per santjordiers i circulà una famosa plagueta de gloses impresa amb el títol de l'*Horrorós crimen de Sant Jordi* escrita per Bartomeu Crespí. El poble de Sant Jordi estigué dissortadament en boca de molts. Vet aquí alguns versos sobre els acusats i sobre la defensa de l'advocat de l'amo:

> Amb viu sentiment plorava
> aquell cor tan desastrós
> per qui al pecat afrontós
> remordiment ja li dava.
> En el qui li preguntava
> va dir, poc escrupolós,
> que per assassinar-los
> son amo li ajudava.
> [...]
> Deia lo teu defensor,
> tan innocent te trobava
> que estant pres sols te pesava
> sa mala reputació,
> que sa falsa opinió
> tota *quantra* [contra] teva estava
> del delicte t'acusava,
> criminal induïdor.

Alejandro García i Miquel Sbert han publicats sengles novel·les sobre aquests fets.

[1h 20'] Assolida la cruïlla, voltam a la dreta i entram dins Sant Jordi, deixant Can Forner a mà dreta, pel carrer d'Enmig, a mà esquerra, on hi ha actualment un supermercat que abans era un magatzem agrícola —tot un símbol dels canvis produïts en l'agricultura. Aquest carrer, després, esdevindrà carrer de Bauçà, a mitjan recorregut, abans de desembocar en el carrer de Sant Jordi, on voltarem a l'esquerra per arribar a la plaça del Bisbe Planas i tancar aquesta ruta.

Quan arribam al poble passam per la intersecció del carrer d'Enmig amb el de Can Conet en el que podem observar —núm. 22— una *Stolperstein*, pedra de la memòria, col·locada recentment per recordar un pres alliberat de Mauthausen: Eusebio Balduz Asensio. Un carrer, a més, el de Can Conet, on hi havia una petita fàbrica de pebre de tap de cortí i la primera farmàcia del poble, amb diferents històries de la Guerra Civil. Històries que ja esmentam a la ruta de Son Ferrer. Després ve l'esmentat carrer de Pau Bouvy.

El proper carrer de Bauçà ens recorda la possessió de Son Bauçà i el de Sant Jordi és el que abans es deia carrer de Palma, fins que li canviaren el nom el 1955, amb l'excusa, o motiu, que no es confongués amb el carrer de la Palma, perdent la identitat de carrer que indicava la direcció correcta per anar a la ciutat.

L'església de Sant Jordi, amb el seu campanar modernista, ens assenyala el final. Un campanar construït abans de la demolició de l'antic oratori medieval que es va dur a terme el 1946 amb el nou temple construït damunt, la primera pedra del qual s'havia col·locat el 1924. La inauguració d'aquest campanar, construït amb una especial sensibilitat estètica, es va fer el dia de Sant Jordi de 1893.

L'autor dels plànols del campanar, segons l'historiador local Alejandro García Llinàs, fou Joan [Miquel] Sureda Verí, marquès de Vivot i un dels capdavanters del carlisme primer i de l'integrisme després a Mallorca. Fou membre de la junta directiva de la Societat Arqueològica Lul·liana i de la Comissió Provincial de Monuments Històrics i Artístics. Projectà altres edificis religiosos com la capella del Seminari Conciliar de Sant Pere.

[1h 30'] Final del trajecte i a punt d'agafar l'autobús si s'escau.

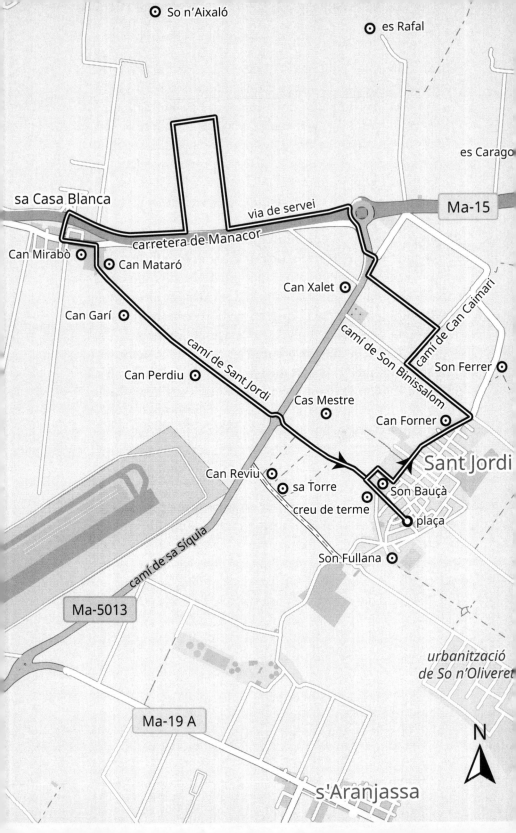

SANT JORDI – SA CASA BLANCA (PER SO N'AIXALÓ)

Inici: Plaça del Bisbe Planas de Sant Jordi. Per arribar-hi podem fer servir les línies 14 i 31 de l'EMT (parada 834 i 811).
Durada: 2h 05' (ruta circular).

Aquesta ruta transcorre en part per terres de sa Casa Blanca i els seus horts. Sa Casa Blanca és un nucli de població sorgit també amb la dessecació del Prat de Sant Jordi i es troba a la part més al nord-oest d'aquell. El nom és antic, com esmentarem després. Sa Casa Blanca té, a més, unes escoles de l'època de la Dictadura de Primo de Rivera i de la Segona República i també una petita església, que forma part de la parròquia de Sant Jordi, construïda en temps del vicari Rafel Caldentey el 1934. A més de les possessions de Son Bauçà i Son Ferrer, en trobam d'altres com So n'Aixaló i sa Casa Blanca, i una mica més lluny les de Son Gual, es Caragol i es Rafal. En definitiva, una excursió en plena zona agrícola, amb torres de molí i safareigs i cases de pagès tradicionals, en estats de conservació diversos. A més, també, podrem apreciar el poble de sa Casa Blanca i un refugi antiaeri no subterrani de la Guerra Civil.

Ruta: [00'] Des de la plaça del Bisbe Planas arrencam a caminar pel carrer de Sant Jordi en direcció cap a Palma. Aquest, abans de 1955 es deia carrer de Palma, nom com deim a la ruta de la Punta de Son Gual, més adequat al seu sentit.

A les primeres rutes, que comencen a la plaça del Bisbe Planas, donam diferents informacions d'aquesta. En aquesta aprofitam per

31

parlar de patrimoni cultural immaterial. A plaça (abans era la de l'església), i al carrer de Sant Jordi, durant l'any s'hi fan moltes activitats i festes. De totes elles volem destacar les més genuïnes del poble com són les de Sant Antoni amb les beneïdes, el sant i els dimonis; la representació de la Llegenda de Sant Jordi amb els dimonis i el drac, a més del cavaller i la dama entre d'altres més, o les diferents activitats de les festes de la Mare de Déu d'Agost començant generalment per la cantada d'Havaneres (festes antigues, adaptades i neofestes). També s'hi fa cada any la Fira del Caragol. Tot això si no hi ha força major; com aquest 2020 la pandèmia del coronavirus.

A mitjan costa a mà dreta, baixant, hi ha situat l'antic convent de les monges Franciscanes Filles de la Misericòrdia, que s'havien establert al poble el 1904, quan aquest començava a tenir una població creixent fent tasques de caràcter sanitari i educatiu, a més de les seves obligacions religioses, per a la qual cosa tenien una petita capella. Començaren a viure en l'edifici que veim dos anys després. Cal recordar que aquest orde fou fundat pel prevere Gabriel Marià Ribes de Pina Gallard del Canyar i la seva germana Josepa Maria —Sor Concepció de Sant Josep— el 1856 al poble de Pina i que la mateixa família dels Ribes de Pina era la propietària de la possessió de So n'Oliver, essent uns dels promotors de l'establiment de les monges a Sant Jordi. Les monges deixaren Sant Jordi i l'edifici el 1996.

L'antic carrer de Palma feia de partió entre les possessions de Son Fullana, a l'esquerra, i Son Bauçà, a la dreta.

[05'] Deixam a l'esquerra la Creu de Terme, que fou traslladada a aquest indret des de la plaça de l'església el 1916, a la intersecció amb el carrer de Gabriel Comas, pintor santjordier —Gabriel Comas Roca (1892-1979), que estudià a Barcelona, a l'Escola de la Llotja. Just després, vora la parada del bus de l'EMT (835), hi trobam la torre de l'antiga Companyia Mallorquina d'Electricitat (CME), que es diu popularment «es Transformador», inaugurada el 1918, quan arribà l'electricitat al poble.

[10'] En aquest punt, voltam a la dreta pel camí de Sant Jordi, que venia de Santa Maria i Pòrtol. El primer carrer a la dreta que trobam està dedicat al vicari Calafat, del qual ja parlam a la ruta cap as Pil·larí.

En el núm. 3 del carrer del Vicari Calafat, durant l'època re-publicana, hi havia un metge de tendència política esquerrana del qual parlam a la ruta de Son Binissalom; Bernat Serra Vives.

A la part de dalt del camí de Sant Jordi, quan hem de girar a l'es-querra, al final del coster, a la dreta i al fons, després de la primera casa —aquesta durant els anys 1950 i 1960 va ser el magatzem de la Co-operativa Agrària de Sant Jordi— podem veure les noves cases refor-mades de la possessió de Son Bauçà. Continuam tot recte fins al camí de Son Binissalom, on s'ajunta poc abans amb el carrer d'Enmig.

Aquest camí de Sant Jordi, dins el poble, era un dels que tenia més negocis; la cooperativa, tallers de fusters, ferrer aferrador, se-lleter, sastres, cosidores, alambins i botigues, de roba i de quevtu-res, mecànics de cotxes i de bicicletes, una taverna i magatzems agrícoles els anys de l'època daurada del capitalisme local, els 50 i 60 del segle passat.

En aquest punt, un glosador, Antoni Oliver Capellà «Toni Meví», que era un dels fusters d'aquest camí o carrer, té una glosa sobre les presses que li donava un client. Ell mateix deia que a la seva fusteria tenien fama de ser bons i lents. I així ho expressava:

> Sa raó cau des seu pes
> de lo que te vaig a dir,
> jo per fer un treball fi
> complet que no hi manqui res,
> me puc passar per entès
> i molt més pes treball que és
> que no em poden competir,
> ni Porreres ni aquí
> ni *casi* de tres en tres,
> però en cas de *rapidès*
> Bernat! No em cerquis a mi.

[25'] Arribats en aquest punt, passat Can Forner —darrera casa del poble— tombam a l'esquerra pel camí de Son Binissa-lom, aquest tros un temps anomenat Camí dels Garrovers, en direcció cap a Palma / camí de sa Síquia.

Antiga Escola Nacional (1926) de sa Casa Blanca.

[30'] Després de dos molins que trobam a l'esquerra —un dels quals conegut com a «de Can Soberano»—, voltam a la dreta pel camí de Can Caimari i uns metres més endavant ho feim a l'esquerra.

[35'] És una variant de la mateixa camada que du fins a sa Síquia que ens recorda l'enginyer Paul Bouvy, la història del qual i de la dessecació del Prat de Sant Jordi, podreu trobar a la ruta de la Punta de Son Gual i es Control i també a la de Son Binissalom - Llucmajor.

[40'] Paral·lel al camí de Son Binissalom, arribam al camí de sa Síquia, que connecta Can Pastilla i l'autopista de Santanyí amb l'autovia de Manacor.

[45'] Ens dirigirem cap a la rotonda elevada que es troba a la nostra dreta. Es tracta d'un tram de l'itinerari que haurem de fer amb passes prudents i cauteloses, sempre pel costat esquerre de la via i molt atents al trànsit. El nostre objectiu és assolir la via de servei situada al vessant nord de la carretera. Una altra opció és travessar tot d'una després del camí cap a la via de servei sud i cercar el caminoi que puja cap a la part superior de la rotonda, cosa que suposa una mica més de 100 metres.

Arribats a dalt de la rotonda, si miram cap al nord-oest podem entreveure, a devora un molí i un safareig, les restes d'unes navetes d'habitació de l'època pretalaiòtica. Si volguéssim visitar-les hauríem de demanar permís per passar les barreres als propietaris de l'antiga possessió des Rafal, que es troba a prop del camp de golf de Pontiró. No fa tants d'anys el camí des Rafal enllaçava, a la carretera de Sineu, amb el camí de Sant Jordi, que duia cap a Pòrtol i Santa Maria i la comunicació entre aquestes localitats i el Pla de Sant Jordi era molt fàcil per a aquells que la feien a peu o en bicicleta.

[50'] Ubicats ja a la via de servei nord i orientats en direcció cap a Palma, feim passes per aproximar-nos a sa Casa Blanca, el nostre següent objectiu.

[1h 05'] Abans farem una volta pel camí anterior al de So n'Aixaló, que trobarem a la dreta, just després d'unes barres de fusta i abans d'una llarga tira de figueres de moro. La camada ens permetrà acostar-nos a un paisatge de la ruralia de Palma que encara conserva la petjada de l'activitat agrícola, gran sostenidora del paisatge. Al final del camí voltam a l'esquerra.

[1h 15'] Sortim al camí de So n'Aixaló i deixam a la dreta, a uns 400 metres, l'accés a les cases de la possessió del mateix nom, en el passat unida a Son Gual, situada al Pla de Sant Jordi, entre es Rafal i sa Casa Blanca. La trobam documentada el 1574, quan era propietat del senyor Antoni Aixaló i més envant als Gual Aixaló (1656), Gual Despuig (1685) i Gual de Torrella (1848).

[1h 25'] Sortim novament a la via de servei i continuam la nostra marxa en sentit Palma.

[1h 40'] Trobam a l'esquerra el pas soterrat que ens conduirà fins a sa Casa Blanca. Aquest nom ja apareix documentat al Repartiment (1232) com a *Manus albus*, propietat que pertocà al vescomte de Bearn per la conquesta catalana. El seu antic nom musulmà era *Dar al-Bayda*, que també significa 'la casa blanca'. A la plaça des Molins de Vent tenim la capella, esmentada al principi, dissenyada per Josep d'Olesa Frates, arquitecte d'altres esglésies, i l'escola actual, que abans era de nines.

35

Torre de molí de Can Mirabò (1868), a sa Casa Blanca.

[1h 30'] Aquí girarem a l'esquerra per avançar fins a la sortida del poble, en sentit cap a Manacor. Passarem per davant —a la nostra dreta— de l'antiga escola de nins i després de passar Can Pereta, a la dreta, també veurem el molí, el gran safareig i el conjunt de cases de Can Mirabò, construïts el 1868 en estil neomudèjar. Just davant hi ha l'antiga possessió de sa Casa Blanca.

[1h 30'] Des de la carretera general Ma-15D i poc abans d'abandonar el poble, voltarem a la dreta pel camí de Sant Jordi per iniciar l'aproximació al nostre punt d'inici d'aquesta ruta. Deixam, a la sortida a l'esquerra, les cases de Can Mataró, antiga gran finca del Pla de Sant Jordi.

Can Mataró era propietat dels Mataró de Llucmajor, que tenien terres en aquest indret i també al mateix poble de Sant Jordi, en el carrer del mateix nom. Per aquest camí ens trobam amb molts d'horts com són Can Garí, a mà dreta, o Can Carrió, a mà esquerra, que provenen de la parcel·lació de Can Mataró.

L'hort de Can Garí és on hi estaven els amos que construïren el Cine Garí de Sant Jordi, que obrí les portes el 1924 i les tancà devers 1980. Aquests amos eren el matrimoni format per Maria Sastre Cantallops i Bernat Garí Oliver. La iniciativa fou de la dona, que era una persona molt decidida, llesta i emprenedora.

Passat Can Garí ens trobam amb Can Perdiu, o Can Pelat, també a mà dreta, que conserva a la mateixa entrada un antic refugi antiaeri de l'època de la Guerra Civil Espanyola. No oblidem que tots aquests horts i la mateixa Casa Blanca estan en les immediacions del camp d'aviació de Son Santjoan, que fou militar durant la guerra i que es convertí en civil el 1960, després de perdre aquesta condició el de Son Bonet. Per això a la zona hi havia molts de refugis antiaeris en els pobles i també alguns a foravila, com el que es pot trobar a Can Perdiu. Hi ha altres dos refugis semblants a sa Casa Blanca, en el camí des Caixó —a un quilòmetre— a Son Reiners, i a l'hort de Cas Record, a la sortida de sa Casa Blanca, a mà esquerra, per la carretera vella cap a Palma, després del camí des Siquió, nom que ens recorda l'antiga xarxa de torrents, en aquest cas el que duia les aigües de l'ullal de Son Mir.

[1h 55'] Travessam el camí de sa Síquia per la rotonda situada a la capçalera de la segona pista —pista sud— de l'aeroport de Son Santjoan. A mà esquerra tenim més horts, dels que destaquen el de Cas Mestre —topònim que recorda el primer mestre de Sant Jordi—, i a mà dreta el de Can Reviu, ara propietat d'AENA, empresa que administra els aeroports d'Espanya. En aquesta propietat hi ha l'Aula Interactiva de l'Aire. Just aferrat al camí de Sant Jordi trobam, dins Can Reviu, les restes de l'edifici de l'antic molí fariner de Cas Moliner reconvertit després en molí aiguader.

També, passat Can Reviu, es pot veure una torre de molí rodona, que dona nom a l'hort de sa Torre. Com en molts altres pobles de Mallorca una de les seves madones, Magdalena Tomàs Mas, era coneguda, i molt popular, com a «sa madona de sa Torre». I seguim la direcció de la nostra marxa (S/SE) entrant al poble pel «Transformador», a mà esquerra, i Can Fàbregues, a mà dreta, per assolir la plaça de l'escola, dalt del turó que ocupa el poble de Sant Jordi.

[2h 05'] Aquí conclou la nostra ruta.

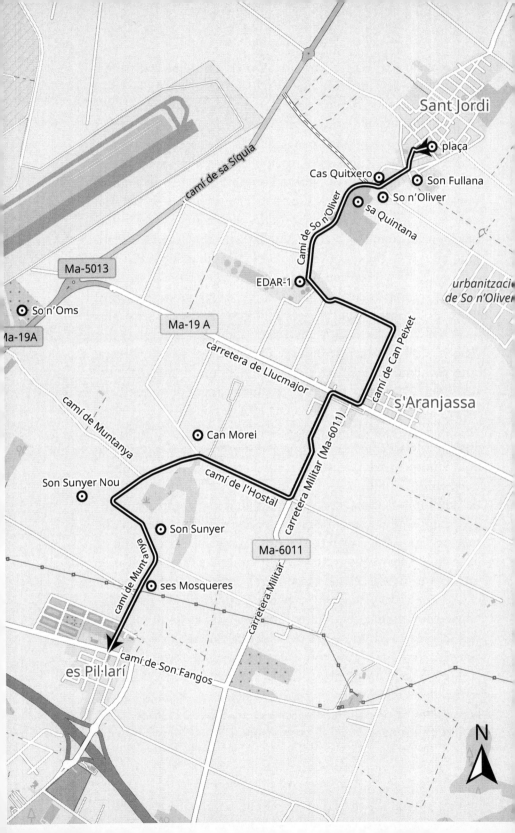

SANT JORDI – ES PIL·LARÍ

Inici: Plaça del Bisbe Planas de Sant Jordi. Per arribar-hi podem fer servir les línies 14 i 31 de l'EMT (parades 811 i 834).
Durada: 1h 50'

De Sant Jordi cap as Pil·larí trobam una ruta bastant plana, tot i que passam per diferents turonets com són el mateix Sant Jordi, Cas Quitxero, So n'Oliver, s'Aranjassa i Son Sunyer. De fet, es Pil·larí, on acabarem, també és un altre turó. La màxima elevació són 27 m i la mínima 2. Cap al llevant hi ha el coster, que condueix a la vila de Llucmajor.

És un lloc d'una extensa nòmina de topònims, sobretot pels camins i pels horts. També per les possessions que ens hi trobam, que en el nostre cas són Son Fullana, So n'Oliver, s'Aranjassa i Son Sunyer. Un paisatge que convida a contemplar la Serra de Tramuntana, a ponent, en la seva llargària, de la qual sobretot destaquen el puig de Galatzó i el Puig Major. Una esplanada, amb paraules del poeta i sacerdot mort l'any del grip (1918), Josep Calafat Mesquida, vicari *in capite* en aquell moment de totes les terres que trepitjarem fins a l'entrada des Pil·larí. Els versos del vicari Calafat, escrits en una visió del Pla de Sant Jordi des de les altures de Pontiró o del Puig de Son Seguí, defineixen aquesta contrada que ell anomena «La meva terra»:

És una Arcàdia resplendent
que obre sa flora perfumada
dins les riberes de ponent
de nostra hermosa illa daurada.

Ara pel sol de juny besada,
encara es mostra somrient;
tot són molins girats al vent
i aigua que corr per la calçada.

Des d'un pujol dolç i frescal
sembla ma terra un ideal
ple de cançons i garbes d'ordi.

¿Voldríeu sebre com se diu
la bella terra sense estiu?
És l'esplanada de Sant Jordi.

Ruta: [00'] Iniciam la ruta a la plaça del Bisbe Planas, des d'on sortim cap a l'església parroquial —construcció de mitjan segle xx que substituí l'antic oratori del segle xv, del qual només es conserva un petit ull de bou— amb un campanar modernista acabat el 1893, i el carrer Major. La plaça de Monteros fa referència a Pere Antoni Font Monteros (1850-1915), «es Vicari Vell», que ho fou de 1880 a 1914. Havia estat combatent tradicionalista a la Tercera Guerra Carlina (1872-1876), l'espasa del qual és emprada per la Sibil·la per Nadal. El lloc també es diu plaça de l'Església, on comença el carrer Major. Durant molts d'anys, fins a la construcció de la nova plaça als anys 60, era l'única plaça i el lloc central, tant religiós com cívic del poble.

Durant la Guerra Civil els falangistes es reuniren en aquesta plaça i des del balcó d'una de les cases, el capità Bennàssar, senyor de Son Ferrer i antic militar africanista, cridà a no matar ningú del poble i reservar-se per anar a Manacor a combatre les forces republicanes desembarcades entre el 16 d'agost i el 12 de setembre de 1936.

[05'] El carrer Major —nom recuperat fa poc— era, fins a mitjan segle passat, el més important del poble. On hi havia el carter, el forn, el casino i al final del qual hi ha la possessió de Son Fullana (s. xvii) amb senyors i amos molt influents en la vida política del poble fins als anys 60-70 del segle passat. Des de fa més de seixanta anys hi trobam el forn de Can Coll.

De Son Fullana, i a mà dreta, hi ha la costa i el turó de Cas Quitxero, que se'ns introdueix per una de les cases més antigues del poble (s. xviii), necessitada de restauració. Gairebé al final, també a la dreta, trobam restes arqueològiques talaiòtiques o baleàriques de fa uns 3.000 anys; el poblat talaiòtic de Cas Quitxero.

[10'] El poblat ha estat objecte de neteja i una petita excavació amb participació dels veïns. El nucli de Cas Quitxero, fins als anys 60 passats, disposava de dues fàbriques de transformació de pebre de tap de cortí. Actualment s'hi troba l'escoleta infantil Sa Capçaneta.

[15'] Desembocam al camí de So n'Oliveret —davant tenim les cases de So n'Oliver—, per on giram a la dreta mentre sortim del poble pel camí de So n'Oliver, que du a la carretera de Llucmajor, vorejant una garriga —sa Quintana— a la nostra esquerra.

So n'Oliver és una possessió que tenim documentada almenys des del segle xvi, el propietari de la qual fou l'honor Gabriel Oliver (1578, 1589). La torre que hi ha a les cases és de cap a 1667. Després la possessió, per matrimonis, passà dels Oliver als Sampol i d'aquests als Conrado. Fou una de les possessions més afectades per la dessecació del Prat de Sant Jordi per part de l'enginyer Pau Bouvy a mitjan segle xix. Ben aviat, i també per matrimoni, la possessió passà a la família Ribes de Pina, en la qual hi ha hagut militars i eclesiàstics; com els fundadors de les monges Franciscanes Filles de la Misericòrdia.

A l'altra part de sa Quintana de So n'Oliver, a la dreta, primer hi ha l'hort de Can Cendra i després, seguint pel camí asfaltat, s'obren els amples sementers de l'Hort Gran de So n'Oliver.

Cases de Can Tofolet, en el Camí de So n'Oliver.

Cases de ses Mosqueres i síquia que nodria d'aigua els horts de la possessió.

A l'hort de Can Cendra, a la segona torre i safareig, s'hi troba una placa que reproduïm: «*A los 15 de Junio de 1885 murió infortunadamente en el depósito de agua de este molino Guillermo Salvá Tomás nacido en Llucmayor dia 9 de Julio de 1867. Q.E.P.D. Su padre Don Damián Salvá dedica a su memoria este modesto epitafio*». Un recordatori d'un fet que també passà en altres casos a molins, pous i safareigs de la contrada.

[25'] Les nostres passes ens duran fins a una important cruïlla. Després d'haver deixat dues camades a l'esquerra ens topam de cara amb les cases de ses Argiles i passat el camí del mateix nom, les de Can Tofolet, a la nostra dreta.

Pel que fa a la primera de les dues camades hi ha Can Salpeta, lloc on s'esdevingueren les dues úniques víctimes mortals santjordieres dels bombardeigs de l'aviació republicana durant la Guerra Civil.

Les cases de ses Argiles tenen, endinsant-nos una mica en el camí de la dreta —camí de ses Argiles—, un molí restaurat i una torre rodona que està damunt un gran podi de forma apiramidada fet de pedra seca. Les de Can Tofolet conformen un espai amb un encant especial, un molí i safareig en procés de degradació, així com una barraca de roter en igual estat però suggerint la seva estructura a l'esquerra.

Seguim tot dret mentre avançam entre les antigues instal·lacions de la depuradora —a l'esquerra— i les noves —EDAR 1 al front i a la dreta. Vorejam el Punt Verd de Sant Jordi, deixam dos camins a la dreta i seguim direcció sud-est pel camí de Can Peixet, que volta a la dreta per a dirigir-nos cap a s'Aranjassa mentre vorejam l'hort de Can Butxaca a la dreta i Can Dinerillo a l'esquerra. Aquest darrer hort ens recorda el roquer Morgan, Guillem Bessó, fa pocs anys finat.

[45'] Sortim a la carretera principal (Ma-19a carretera de Llucmajor), on giram a la dreta en direcció a l'aeroport, per més que tot d'una —km 12— hem de voltar a l'esquerra per la carretera Militar (Ma-6011). Ens trobam a una cruïlla molt significativa on s'hi ubicaven el cafè de Can Meco, un cine —Cine Central a Ca sa Catalana—, la Cooperativa i una fonda; Ca na Molí Nou, on a la part de dalt hi havia l'escola pública de s'Aranjassa, allà on hi ha la balustrada.

[50'] Avançam per la carretera Militar, construïda el 1905, via que connectava amb el fort del Cap Enderrocat, fins al primer creuer.

Abans, en passar pel primer revolt, ens trobam a mà dreta amb Can Casetes, on va néixer el soldat Amador Jaume Salvà (1915-1992) que, en el Front de Manacor, es passà a les files lleials a la República Espanyola i, després de fer la guerra a Catalunya enrolat dins Estat Català i l'Exèrcit Popular de la República, passà a França a lluitar contra els nazis alemanys, segons conten els historiadors Arnau Company i Mateu Sastre a la revista *Mel i Sucre* de Sant Joan.

[1h 00'] En el creuer esmentat hi trobam les parades 413 i 431 de la L31 de l'EMT. Voltam a la dreta pel camí de l'Hostal en direcció ponent on, a mà esquerra, podem veure la singular torre del molí de s'Àguila.

Ja divisam a prop el turonet de la possessió de Son Sunyer, de la qual destacam la importància de l'establiment i la seva parcel·lació, cap a 1905, que donà lloc a tota la zona urbanitzada del municipi de Palma entre Can Pastilla i s'Arenal, així com la de la part rural en moltíssims horts. En un dels quals, a Son Sunyer Nou, aterrà el 1916 l'avió pilotat per Salvador Hedilla Pineda (1882-1917) en el primer vol a Mallorca des de fora de l'illa, en concret de Barcelona. Va ser rebut inesperadament per un sorprès pagès, Lluc Vanrell.

El mateix poble des Pil·larí nasqué aquells anys i va ser lloc de convivència de pagesos i trencadors, dues de les ocupacions bàsiques d'aquesta zona fins a l'arribada massiva del turisme a partir dels anys 1960.

[1h 20'] El vial que hem seguit fins ara es bifurca; el camí de l'Hostal, antiga ruta que anava de Llucmajor a la ciutat, volta a la dreta. Si seguíssim, però, el camí de l'Hostal, a menys de cent metres a la dreta, hi ha la finca de Can Morei amb dos molins amb veles i coa pintades de colors blau i vermell. Aquests molins, que han estat restaurats, els hem esmentat al pròleg per formar part de la Ruta de Molins de l'Euroregió.

Nosaltres hem de prendre la camada de l'esquerra, que ens durà a connectar amb el camí de Muntanya; ruta ramadera de transhumància d'ovelles i cabres des de la possessió de sa Torre a Llucmajor fins a la des Teix a Bunyola, de la marina llucmajorera a la Serra de Tramuntana.

[1h 25'] Deixam a la dreta la seva continuació, que arriba fins a les pistes de l'aeroport, que han tallat el camí, a la possessió de So n'Oms, que té una torre de defensa, mentre seguim voltant el turó de Son Sunyer, on s'hi troben hipogeus de l'època navetiforme (1100-1000 aC).

Just abans de voltar a mà esquerra, a mà dreta hi ha un camí que, si ens desviam de la ruta uns deu minuts de més, a uns cent metres trobam, a Son Sunyer Nou, un conjunt de dos molins, amb barra timó l'un i de ramell l'altre, així com una sínia. En una de les parets hi ha gravada la data de 1869. També hi ha un gran safareig i canaletes. Tot en estat d'abandonament, per la qual cosa recomanam molta precaució.

Seguint la ruta vorejant Son Sunyer cap as Pil·larí venen, a mà esquerra, la cases de ses Mosqueres, amb una era de batre davant, i les de Can Mirabò. I l'església començada a construir el 1955, en segregar-se la nova parròquia de Sant Francesc des Pil·larí de les parròquies veïnes de Sant Jordi, s'Arenal i el Coll d'en Rabassa. Arribam a un poble que, a més des Pil·larí, s'ha anomenat Son Sunyer, Estats Units o Sant Francesc —aquest darrer per la influència dels frares franciscans de la Porciúncula. Té, relativament, pocs anys d'existència —un centenar i pocs—, però amb una història especialment convulsa durant la Guerra Civil. Es Pil·larí tengué un baixador del ferrocarril de Santanyí entre 1916 i 1964.

[1h 50'] Assolim el camí de Son Fangos (Ma-6012), on trobarem les parades 952 i 947 de la línia 31 de l'EMT.

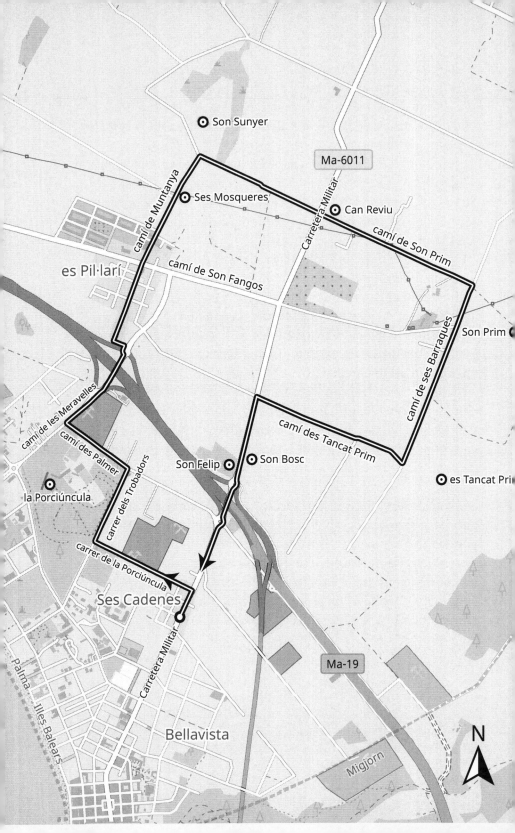

SES CADENES - ES PIL·LARÍ

Inici: A la mateixa parada del bus de l'EMT (L31) al seu pas per ses Cadenes (parada 261 i 604).

Durada: 2h 05' (ruta circular).

Ses Cadenes deu el seu nom al ferrocarril de Palma a Santanyí (1916-1964), concretament a les cadenes del pas a nivell que s'havia habilitat per quan el tren travessava la carretera Militar. Encara són visibles a un costat de la carretera unes plataformes de les vies i la casa que serví d'estació, a l'altre. A partir de 1943 ses Cadenes tengué un baixador i un carregador de marès.

La ruta és un recorregut per gran part de l'antiga possessió de Son Sunyer, passant pes Pil·larí, ben a prop de l'esmentada possessió, que combina una part de pedreres i una altra de zona agrícola. Aquests nuclis es començaren a desenvolupar al principi del segle xx per la parcel·lació de Son Sunyer i l'establiment dels frares franciscans de la Porciúncula (1914), que a partir d'aquest moment i fins a la Guerra Civil toparen amb el laïcisme i activisme republicà i obrerista dels trencadors de marès.

Ruta: [00'] Sortim de ses Cadenes per la carretera Militar en direcció cap a Palma. La història de ses Cadenes està molt lligada a la de s'Arenal i a la des Pil·larí. Pel que fa a s'Arenal, tenim que forma part de la mateixa parròquia. I amb relació as Pil·larí, que són dos nuclis formats a partir de la divisió i establiment, per part del seu senyor Antoni Rotten Gual, de la possessió de

Son Sunyer, al principi del segle xx. En especial, de la compra per part dels frares franciscans d'uns terrenys a la pineda de Son Sunyer a partir de 1914. Amb tot, era una zona de pedreres de marès que ja s'explotava abans de la formació dels dos nuclis de població que, en arribar la Segona República, tendran una certa importància. En un primer moment, amb la formació del convent dels franciscans de la Porciúncula, el nom del nucli de ses Cadenes es dirà Los Ángeles, originat per Nostra Senyora dels Àngels, que és la patrona dels franciscans, així com es Pil·larí també es deia Sant Francesc, generalment en castellà, en honor al seu patró.

Antoni Rotten Gual, marquès de Campofranco, com hem dit, era el propietari de Son Sunyer, la més extensa possessió del Pla de Sant Jordi. Aquest marquesat fou atorgat per Felip V de Borbó, el 1717, a Antoni Pueyo Dameto per serveis prestats. Antoni Pueyo descendia de Joan Sunyer de Joan, que, el 1650, era senyor de Campofranco a Sicília i de Planícia a Mallorca i que, a la vegada, descendia de Joanot Sunyer, que ja tenia la possessió el 1578, segons l'historiador Gaspar Valero. Els nobles felipistes o partidaris del Borbó durant la Guerra de Successió reberen el malnom de *botiflers* i amb el temps, a Mallorca, la paraula derivà en *botifarra*, malnom que s'atribueix a la noblesa mallorquina.

[05'] Poc abans de sortir del poble trobam, a l'esquerra, el carrer de la Porciúncula, per on prosseguirem ara les nostres passes. Molt suaument anam guanyant altura mentre transitam entre pedreres de marès i picadís, amb la vista fixada en el verd i frondós bosc de la Porciúncula, ben davant nostre.

[15'] Al final del camí de la Porciúncula, voltam a la dreta pel carrer dels Trobadors.

[20'] Tot seguit, a l'esquerra, pel camí des Palmer. Cal assenyalar en aquest punt que ens trobam sobre un antic camí del migjorn de Mallorca que anava des de la possessió des Palmer (Campos) fins a Palma.

El marquesat del Palmer va ser atorgat al noble mallorquí Guillem Abrí-Descatlar i Serralta —dels senyors de la Bossa d'Or, seca del Regne de Mallorca— pel rei Carles III de la Corona d'Aragó i de la de Castella, emperador del Sacre Imperi Roma-

Detall d'una de les estructures ferroviàries de la línia Palma-Llucmajor en el seu pas per ses Cadenes.

nogermànic amb el nom de Carles VI, pretendent al tron dels regnes hispànics i considerat rei, a més d'exercir-hi, sobretot a la Corona d'Aragó durant la Guerra de Successió Espanyola (1701-1715). Ha estat més conegut a Espanya com a l'Arxiduc Carles d'Àustria, rebaixat a aquesta condició pel fet de no haver guanyat la guerra esmentada, que suposà la desaparició de les institucions, de l'oficialitat del català i de l'administració pròpia del Regne de Mallorca —i de tota la corona catalanoaragonesa— instaurant-se la dependència directa del Regne de Castella. Felip V no va reconèixer el títol de marquès del Palmer, però aquesta família el va recuperar el 1817 amb Ferran VII.

A la dreta tenim les pedreres de Can Denís (o Can Denits), amb unes coves fetes pels mateixos trencadors, actualment tancades, i a l'esquerra la Porciúncula, de la qual recomanam la seva visita per a una altra ocasió, especialment de l'església moderna projectada entre 1964 i 1968 per l'arquitecte Josep Ferragut Pou

(1912-1968), que també fou qui projectà l'edifici de GESA a l'entrada de Palma, entre d'altres.

[25'] Sortim al camí de les Meravelles. A l'altura d'un conegut restaurant, giram a la dreta en direcció cap as Pil·larí, amb molta de cura perquè feim ara un tram molt transitat de vehicles.

[35'] Un cop hem travessat l'autopista de Llucmajor (Ma-19) pel pont, arribam a una nova rotonda amb files de mitjans de marès, a mode d'escultura, i ja som en es Pil·larí. Si tiram a l'esquerra, pel vial de sortida a l'autopista, veurem tot d'una, a la dreta, un pas per a vianants que ens deixa al començament del camí de Muntanya.

[40'] Es tracta d'un bocí de l'antic camí de transhumància —aquí convertit en carrer principal— entre la Serra i el Migjorn, de sa Torre (Llucmajor) fins as Teix (Bunyola).

En aquesta part del camí de Muntanya parlarem de la Segona República i de la Guerra Civil. A la part alta del carrer, en el núm. 428 hi havia la casa de Guillem Gayà Bonet «en Serro» o «en Paciència», un trencador republicà o socialista assassinat pels falangistes en el mateix carrer, just davant de la capella de les monges —que arribaren al poble el 1923; actualment ja no hi són— després de sortir del cafè de Ca s'Arrosser, el dia 10 de setembre de 1936. Abans d'arribar-hi, però, entre els carrers Martina Pascual i Muntanya, a mà dreta hi havia la sala de ball i cafè Es Vincle, seu de l'associació d'esquerres Cultura Social. A prop, a mà esquerra, al núm. 402A, hi havia el Cafè de Can Comte, que es comunicava, interiorment, amb el Cine Modern o de Can Comte, al carrer Roncal, que ja funcionava durant la República, també sala de ball en competència amb Es Vincle.

Es Vincle desaparegué per la repressió que sofrí el propietari, però durant el franquisme, al carrer de Baltasar Moyà —carrer abans dit del Pont (pel pont sobre les vies del tren, a la part de dalt del carrer), i paral·lel al camí de Muntanya— hi havia la sala de festes que es podria considerar la seva successora: Can Bessó.

Al centre des Pil·larí, en el núm. 396, podrem contemplar la casa de l'antiga Escola dels Estats Units, fundada durant la Dictadura de Primo de Rivera. Estats Units era un altre dels noms des Pil·larí, com Sant Francesc o Son Sunyer mateix. A la finestra

Perspectiva del Camí de Son Prim, a prop des Pil·larí.

que hi ha sobre el portal de la casa encara s'hi conserva el ferro
que sostenia el pal de la bandera.

[45'] Travessam el camí de Son Fangos (Ma-6012) i prosse-
guim la marxa pel camí de Muntanya en direcció a Son Sunyer.
Abans deixarem a la dreta l'església i les cases de Can Mirabò i
la possessió de ses Mosqueres. A la travessia entre el camí de Son
Fangos amb el de Muntanya hi hagué les primeres cases del poble.

La primera pedra de l'església va ser col·locada amb gran ceri-
monial el 20 de novembre de 1955, fet que suposà l'inici de la
parròquia de Sant Francesc des Pil·larí, desmembrada de les par-
ròquies de Sant Jordi, s'Arenal i el Coll d'en Rabassa.

[50'] En un revolt a l'esquerra del camí de Muntanya, topam
de front amb l'entrada de Son Sunyer, flanquejada per dues co-
lumnes de marès i, just a la dreta, el camí que condueix a Son
Prim, la nostra continuació. El camí descriu un suau descens en-
tre sementers fins travessar la carretera Militar (Ma-6011). Hem
deixat la zona de pedreres per entrar a l'agrícola amb els molins i
safareigs típics del Pla de Sant Jordi.

Carreres de marès a les festes patronals de ses Cadenes.

[1h 05'] El camí de Son Prim, o de Can Figó, continua tot dret, mentre deixam a l'esquerra les cases de Can Reviu i les parcel·lacions de Can Seu i Can Figó a banda i banda del camí.

[1h 20'] Desembocam sobre el camí de ses Barraques, on girarem a la dreta —sud/sud-oest— per anar tancant el nostre circuit. El nom és ben significatiu de les barraques de roter que existien en una zona de terres primes. Els roters eren els pagesos més pobres que cuidaven unes terres, la rota, que havien d'espedregar i conrear durant uns quants anys a canvi de donar part de la collita al senyor o simplement pel fet d'arreglar el terreny.

[1h 35'] Allà on acaba l'asfalt i el camí esdevé de terra, voltam a la dreta pel camí asfaltat del Tancat Prim fins a la carretera Militar.

[1h 50'] Giram a l'esquerra en direcció a ses Cadenes.

A ses Cadenes hi hagué durant la Segona República, just a la dreta de l'entrada a la primera illa de cases, una fàbrica d'electricitat que abastia s'Arenal, ses Cadenes, es Pil·larí i s'Aranjassa. Aquesta, acabada la guerra, es convertí en una fàbrica de licors.

També, al núm. 136 hi hagué, fins a 1936, un teatre-cine anomenat Los Ángeles, projectat per l'arquitecte Francesc d'Assís Casas Llompart (1905-1972). Passada la guerra serví de magatzem de garroves per a abastir la fàbrica d'alcohol veïna. Era popularment conegut com es Fornet.

[2h 05'] Hi arribam després de travessar el pont sobre l'autopista de Llevant.

A ses Cadenes, també, fou on els trencadors organitzaren la resistència al cop d'estat de la zona de s'Arenal el juliol de 1936, que esmentam a la ruta del Torrent des Jueus. El camí de Can Duran, que tenim a l'esquerra, a l'entrada del poble, comunicava directament amb el Torrent des Jueus. Diferents noms de trencadors, molts d'ells afiliats al Radi Comunista de les Cadenes, es mantingueren fidels a la República els primers dies del cop d'estat que conduí cap a la guerra. Els falangistes de s'Arenal assassinaren comunistes com Bernat Mas Mas, que havia duit la taverna de Cas Tort, ara al núm. 127 de la carretera Militar, o Francesc Roig. També detengueren altres resistents republicans i posteriorment els tancaren en presons i camps de concentració d'aquí i de la península. Entre ells, Gabriel Riera Sorell —aleshores de desset anys—, últim supervivent viu en el moment d'escriure aquesta ruta. Altres membres de la família Roig esmentada, de malnom «Garbes», i molts més, també sofriren la repressió.

A prop de la parada de l'autobús tenim la capella de la Mare de Déu dels Àngels, el mateix nom que la de la Porciúncula, que va ser construïda el 1945 pel mateix Francesc Casas, que el 1935 havia projectat l'església de Sant Ferran a les Meravelles. El 1932 també havia fet el projecte del xalet del marquès de Zayas —cap de la Falange, membre de la vella guàrdia i un dels dirigents del cop d'estat de 1936—, a Can Pastilla.

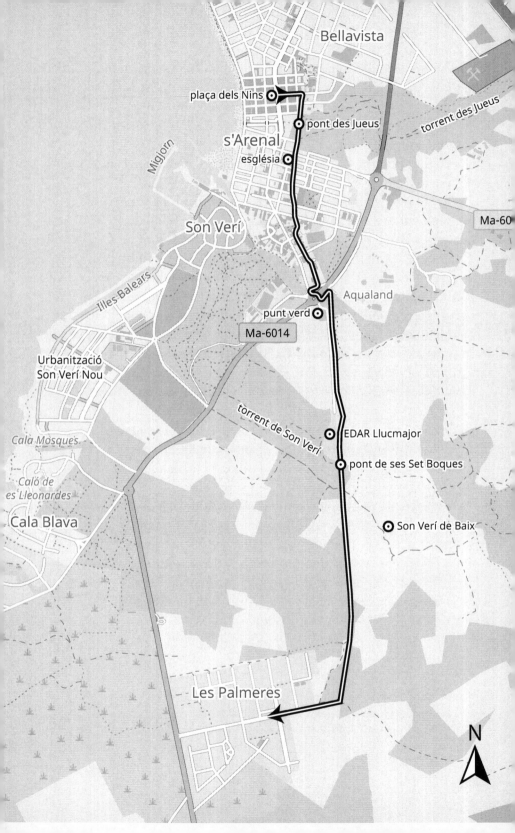

S'ARENAL – LES PALMERES
(PER LA VIA DEL TREN DE LLUCMAJOR)

INICI: Plaça dels Nins —s'Arenal de Palma. Hi arribam amb les línies 22, 23 i 32 de l'EMT i ens trobam a la parada 891. En aquest cas consultau abans la pàgina web de l'EMT per a itineraris i freqüències.
DURADA: 1h 30' (connexió amb el bus de la L520 del TIB).

La ruta transcorre pràcticament per l'antiga via del tren, projecte ferroviari redactat per l'enginyer Eusebi Estada. La línia, de 61,5 km passava pel Coll d'en Rabassa, es Pil·larí, ses Cadenes, s'Arenal, Llucmajor i Campos fins a Santanyí. Les obres s'iniciaren al final de 1913. El primer tram fins a Llucmajor s'inaugurà el 6 d'octubre de 1916. Aquesta línia s'acostava al fort d'Enderrocat, desviant-se una mica per motius estratègics en el conjunt de fortificacions per a la defensa de la Badia de Palma. D'altra banda, passa per la possessió de Son Verí de Baix, primer propietat del germà de la poetessa llucmajorera de sa Llapassa, Antoni Salvà Ripoll, i després (1909) d'Isabel Siragusa, viuda d'Antoni Roses, família procedent de Puerto Rico emparentada amb els March a través de Carmen Degado Roses, casada amb el fill d'en Verga Joan March Servera.

RUTA: [00'] Des de la plaça dels Nins, coneguda com a plaça de les Copinyes —durant el Franquisme plaça del Generalísimo— pujam en direcció nord-est pel carrer de Berlín. Travessam els carrers Zama i Dido, i giram a la dreta pel carrer dels Trencadors.

Pont des Tren al Torrent des Jueus (1916).

Aquesta zona de s'Arenal és el nucli més antic de la part de Palma, en parcel·lar-se la possessió de Son Sunyer, idea de l'arquitecte Gaspar Bennàssar (1913). S'Arenal de Palma inicià el seu creixement contigu a s'Arenal de Llucmajor per diferents raons constructives —marès— de comunicacions —carretera, moll, tren— o de serveis que ja tenia la part de Llucmajor, segons afirma l'arquitecte Gabriel Horrach. A la plaça de les Copinyes, eix d'aquesta planificació amb el carrer de Berlín, hi ha una cisterna pública amb una data i inscripció franquista: «*Año 1937 II T* [segon triomfal] ¡Viva! ¡España!». A la plaça de les Copinyes, entre molts d'altres negocis, hi hagué un cine anomenat Can Gil o Arén-Mar entre 1958 i 1959.

[05'] Un vial per a vianants ens situarà a l'indret del Pont des Tren, on hi arribarem després de travessar el carrer de Lisboa. Els carrers Milà, Lisboa i Berlín s'imposaren el 1937 en honor de les potències feixistes que donaven suport a Franco durant la Guerra

Civil. Els noms anteriors —de 1930— i alguns dels que queden formaven una unitat toponímica de temàtica púnica.

[10'] Un cop travessat el pont, ja dins el terme de Llucmajor, sortirem al carrer de Sant Cristòfol, perpendicular al sentit de la nostra marxa. Just davant tenim el Passatge de les Vies del Tren per on segueix ara la nostra ruta. Deixarem a la dreta l'església de Nostra Senyora de la Lactància —des del segle XVII, la Mare de Déu de la Mamella és venerada pels trencadors com la seva patrona—, passarem per la plaça de l'Estació i travessarem els carrers Berga, Maria Antònia Salvà, Gran i General Consell, Terral i Sant Bartomeu.

Amb tot, abans de seguir, al voltant de l'església esmentada podem veure uns curiosos baixos relleus del Via Crucis que han estat penjats fa poc. Estaven, des de fa uns quaranta anys, al soterrani de la rectoria, llevat d'uns quants que hi havia penjats a la capella de l'església vella. Estan fets a maresos pel trencador del Coll d'en Rabassa Joan de sa Plaça, Joan Amengual Adrover, de família republicana, germà de na Margalida «de sa Plaça», que fou Miss Coll d'en Rabassa el 1936.

El carrer de Sant Cristòfol —batejat amb aquest nom l'any 1900— és el del patró; protector dels viatjants i també dels estiuejants. Constitueix el que abans es deia camí de l'Alga —o Algar— que fou acabat a principis de la dècada de 1860 per tal de disposar d'una via més curta per transportar l'alga per part dels pagesos de Llucmajor. Arribava fins a prop de les Cases dels Republicans al voltant dels terrenys del denominat Pouet d'en Vaquer —topònim en revisió—, per on també passava el camí de Muntanya. En aquell lloc, al voltant de la desembocadura del Torrent des Jueus, s'assecava l'alga per adob dels camps i també per allà es construïren les primeres cases de s'Arenal de Llucmajor a la segona meitat del segle XIX. El 1877 eren tretze cases i vint-i-un habitants segons el geògraf Pere A. Salvà.

Aquests inicis del poblament de s'Arenal, que abans només era un petit nucli de pescadors i trencadors més algun estiuejant, suposaren la construcció de la capella dedicada a la Mare de Déu de la Lactància. A la primera dècada del segle XX començà la parcel·lació i venda de solars pertanyents a les possessions de Son Delabau —costat dret, baixant, del carrer de Sant Cristòfol— i de Son Verí de Baix o de sa Llapassa —a l'altre costat.

En aquest carrer, a la part de ponent, i en el cap de cantó amb l'actual carrer dels Trencadors —abans Exèrcit Espanyol i abans camí del Fort— hi havia —ara és una finca de moltes plantes— la taverna, botiga i estafeta de correus de Ca sa Poblera, lloc de reunió de trencadors i soldats del fort d'Enderrocat. Va ser la seu de la Falange, on foren interrogats molts de republicans durant la Guerra Civil, entre els quals alguns dels trencadors que organitzaren la resistència al cop d'estat dels quals parlam en altres rutes. En contrast, al triangle entre els carrers Terral, Trencadors i Balears hi havia el xalet del líder comunista assassinat Ateu Martí.

D'altra banda, molt a prop —cap de cantó amb Joan Verdera—, hi havia un dels dipòsits per a proveïment d'aigua senyalat amb una placa que recorda el batle del mateix nom del carrer (1890-1893). Altres tavernes o fondes d'aquella època foren Ca na Grina, Cas Baster —ses Enramades—, Can Nofre o Ca n'Espirut. Noms significatius també de la política local i alguns de repressió dels seus propietaris durant la Guerra Civil. D'algun d'ells, durant el Franquisme ja, per venda a la família Canals, sorgiren els hotels Solimar —Ca na Grina— i San Diego —Ca n'Espirut. De tota manera el primer hotel fou el Tèrminus (1917), a prop, entre els carrers Platja i l'avinguda de Miramar. A l'actual plaça de la Reina Maria Cristina —abans Mariana Pineda, jove heroïna liberal morta per la llibertat el 1831 a Granada— hi havia ja des de la Segona República la sala de festes, teatre i cine Florida Park que perdurà en els anys posteriors.

L'església fou construïda en estil neogòtic i acabada el 1902. Projectada pel capellà Miquel Salvà Llompart en terrenys donats per Francesc Salvà Salvà, pare de Maria Antònia Salvà. El 1925 s'Arenal es converteix en vicaria *in capite* i el 1938 en parròquia. El 1971 s'acabaren les obres d'una nova església de l'arquitecte Sebastià Gamundí, que no eliminà l'antiga capella. Entre 1961 i 1967 hi hagué el cine parroquial Mi Sala.

Com hem dit, del tren que passava per aquests trams queda el nom de passatge de les Vies del Tren. L'antiga plaça de l'Estació

Part superior del Pont des Tren que uneix Palma amb Llucmajor.

només conserva el nom, però fins passat 1964, quan es suprimí la línia, hi havia els diferents edificis, la plataforma giratòria, la cotxera i també un carregador de marès.

[20'] El darrer tram del passeig discorre a la dreta del CEIP S'Algar de s'Arenal i desemboca en el carrer de Girona, després d'un doble revolt dreta-esquerra. Aquest vial ens situarà molt a prop de la rotonda on conflueixen l'avinguda d'Europa i la carretera del Cap Blanc.

En el carrer de Girona hi hagué la famosa discoteca Scorpio en els anys del boom turístic. Altres discoteques d'aquesta època, a més del Florida Park, foren el Bacomo o Zorba's. En els anys 1960 i 1970, especialment, el prestigi de s'Arenal dugué a gales de cantants i conjunts molt coneguts. Els integrants del Duo Dinámico tenien, a més, uns apartaments a l'edifici del Bar Las Sirenas, devora el Club Nàutic, tal com ha investigat la professora Francina Capellà.

Amb tot, arribats a la confluència del carrer de Girona amb el d'Antoni Galmés, en comptes de seguir les indicacions que conformen la ruta, podem fer una variant que ens permetrà seguir un poc més el rastre del tren per dins s'Arenal. Així, voltam a l'esquerra per aquest últim carrer per davant d'un conegut supermercat; tot d'una a la dreta, en direcció sud-est, trobarem un descampat i un tirany que ens permetrà travessar el pinar fins a situar-nos ben davant l'aparcament del parc aquàtic de s'Arenal i molt a prop de la rotonda de la carretera del Cap Blanc. En aquest tram de caminet veurem, a la dreta, amagat entre la malesa, una part de la trinxera per on discorria el tren. Aquest recorregut no ens durà més de cinc minuts.

[25'] Aquesta carretera constitueix una part de l'antiga carretera del fort d'Enderrocat, visitat per Alfons XIII el 1904. Construïit a conseqüència de la Guerra de Cuba, els seus canons constituïen una de les peces estratègiques per defensar la badia de Palma. La travessarem pel pas de vianants situat a prop del parc aquàtic. A l'extrem sud de l'aparcament d'aquesta infraestructura recreativa trobarem, a la dreta, un camí de terra que coincideix amb el suport de les travesses i raïls per on transitava el tren al seu pas per la Marina de Llucmajor.

[30'] Aviat descobrim un pontet que encara conserva un bocí de la barana original i que permetia superar el torrent de s'Algar, que desemboca a l'altura del Club Nàutic de s'Arenal, després d'ajuntar-se amb el torrent de Son Verí, també dit del Saluet o del Capellà. Som a l'altura del Punt Verd de s'Arenal.

[35'] Un tram de via totalment envaït per la vegetació ens obliga a sortir per uns minuts del mateix i seguir la marxa per un camí de terra que tenim a la nostra esquerra.

[45'] Deixam a la dreta l'estació depuradora EDAR Llucmajor i continuam avançant en direcció sud cap al viaducte de Son Verí, també dit Pont de ses Set Boques, sobre el torrent de Son Verí, de devers setanta metres de llargària per setze d'alt.

[50'] Si volem gaudir d'aquesta espectacular obra de fàbrica haurem de descendir uns metres per un tirany que veurem a l'esquerra, pocs metres abans d'arribar al pont. La seva superfície es troba encimentada i una barana moderna ha fet malbé els maresos del voladís.

[1h 00'] Un cop hem passat el Pont de ses Set Boques ens ve el pas a nivell del camí d'accés a la possessió de Son Verí de Baix.

[1h 10'] Poc després, tenim un tram en trinxera que la vegetació ha fet seu, conferint-li una peculiar bellesa.

El Pont de ses Set Boques era la infraestructura més important de la línia de tren entre Palma i Llucmajor, de 71,40 m de llarg.

[1h 20'] Finalment arribarem a una cruïlla on la continuació de la via es troba barrada amb una tanca de ferro i a l'esquerra tenim la barrera d'accés a una finca privada. A la dreta tenim el final d'un camí de terra cap a on dirigirem les nostres passes per accedir a la urbanització de les Palmeres, construïda el 1974, fins a l'estació del bus (TIB L520).

Les Palmeres formava part de les terres de la possessió de Son Granada, on hi hagué un camp de concentració durant la Guerra Civil. Entre Son Granada, Capocorb i Son Catlar (Campos), hi hagué diferents camps on els presos republicans, amb treballs forçats, hagueren de construir la carretera del Cap Blanc. Tots aquests llocs, amb una història important sobre possessions, fortificacions, repressió i contraban. I ara força urbanitzats.

[1h 30'] Arribam i acabam a la mateixa avinguda de les Palmeres.

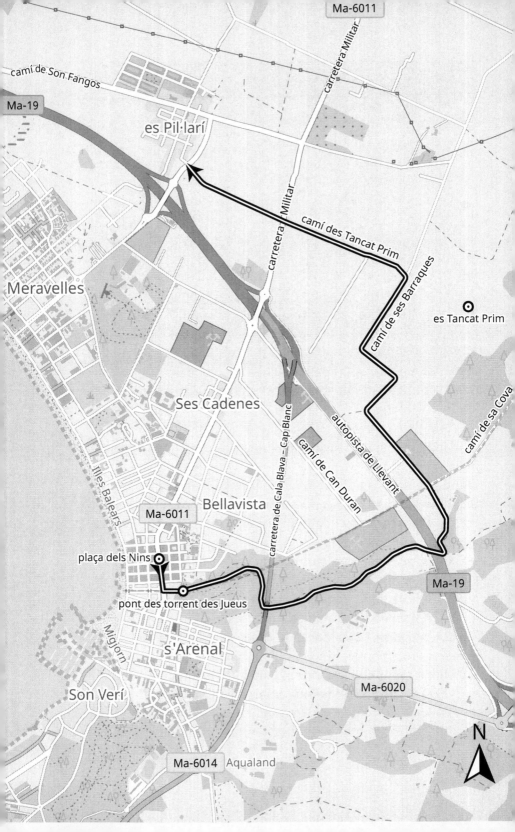

TORRENT DES JUEUS

Inici: Plaça dels Nins —s'Arenal de Palma. Hi arribam amb les línies 22, 23 i 32 de l'EMT i ens trobam a la parada 891. En aquest cas consultau abans la pàgina de l'EMT per a itineraris i freqüències.

Durada: 1h 45'

El recorregut ens durà de s'Arenal cap as Pil·larí, començant pel Torrent des Jueus, que neix a les terres de les possessions de Son Monget i de Son Cardell. Travessa la possessió de Son Delabau, denominada l'Alqueria del Jueu Pere Cànaves en el segle xv, de la qual prengué el nom. Desemboca a s'Arenal, a la partió entre els municipis de Palma i de Llucmajor. Té uns 10 km de recorregut, dels quals en farem devers tres, i 30,5 km² de conca hidrogràfica. En el seu interior, en el tram més a prop de s'Arenal, hi trobam les pedreres que nodriren de marès les obres del Pont des Torrent des Jueus de la línia ferroviària de Palma a Santanyí, acabades el 1916. Alhora contarem un episodi poc conegut de resistència dels trencadors de ses Cadenes al cop d'estat feixista de 1936 que en part va ocórrer dins el Torrent des Jueus.

Ruta: [00'] Arrencam la ruta a la plaça dels Nins per la carretera Militar en direcció a s'Arenal de Llucmajor. Caminam uns cent-cinquanta metres i trobam el torrent.

El Torrent des Jueus, en el seu inici, és la partió entre els termes de Llucmajor i Palma. Els dos municipis tardaren temps a

Pont des Tren al Torrent des Jueus, de 17,35 m de llarg i 10 m de llum.

posar la fita exacta d'aquesta divisió, acordada el 1924. Hem de dir que, dins la població mateixa de s'Arenal, aquest torrent disposava del pont del tren —que encara hi és— i el pont de la part de la costa, molt a prop de l'antiga Illeta dels Republicans —nom amb el qual es coneixia abans el poble de s'Arenal—, per on hi passava el tramvia que unia s'Arenal i el Coll d'en Rabassa per a arribar a Palma. Aquest trenet o carrilet de benzina estigué en funcionament entre 1921 i el final de la Guerra Civil. Al Coll d'en Rabassa es feia el transbord entre el tramvia d'electricitat i el de benzina. La seva funcionalitat, on ja hi havia una línia ferroviària més a l'interior, venia donada per la llunyania de la costa de l'altre tren.

[05'] Ens situam damunt del pont que connecta els dos municipis sobre el Torrent des Jueus; si ens hi fixam, en terra podem veure la fita que marca la partió dels termes municipals. Entrarem dins la riera per un vial que trobam en el marge esquerre —carrer

64

de la Fita— i fent un petit bot des d'una esplanada que hi ha a la dreta, entram dins el seu llit.

D'aquest lloc de separació i d'unió alhora, es conserva una cançó popular arreplegada pel trencador coller Sebastià Vallespir que ens va proporcionar Toni Nadal, xeremier de s'Arenal:

Dins es Torrent des Jueus
un home mort hi trobaren
i al pobre agafat des peus
d'un terme a s'altre el passaren.

El trobà un trencador
quan anava a sa pedrera
i amb molt bona intenció
el posà damunt un turó
amb la mar a una vorera.

I aquí comença es combat,
combat de jurisdicció
amb so jutge de Ciutat
i es jutge de Llucmajor:

Tots dos volien treure es gat des sac
i tots dos tenir raó
i aquell pobre desgraciat
romangué tres dies tapat
amb un tros de veletó!

En es que vivim per aquí
que mos valgui per lliçó:
Quan a un terme diuen sí,
sempre a s'altre diuen no.

Són vint anys de discutir
per canviar un arrambador.
Per canviar un arrambador:
ni Ciutat, ni Llucmajor!

Aljub que trobam a l'interior del torrent, pels voltants de les pedreres.

Ubicats ja dins el torrent, ens dirigim cap a l'immens ull del Pont des Tren —infraestructura de l'antiga línia ferroviària— per anar a trobar un tirany que s'endinsa pel bosc i la garriga espessa que cobreix l'ample jaç. El ferrocarril de Santanyí arribà a s'Arenal el 1916 i el pont encara avui impressiona per les seves dimensions. Va ser construït amb marès de les pedreres del mateix torrent. El 1964 es tancà la línia.

A la vora d'aquesta desembocadura del torrent hi havia els solars que servien per a secar l'alga per a les explotacions agràries, activitat aquesta, per part de pagesos de Llucmajor i del Pla de Sant Jordi, molt important tant per a adobar la terra com per a fer un bon llit per als animals. També hi havia molts d'hortets per al cultiu d'hortalisses.

Un torrent per on travessava l'antic camí de transhumància que anava des de la finca de sa Torre fins as Teix; el camí de Muntanya. A la seva vora hi ha constatació de l'existència del Pouet d'en Vaquer, també anomenat Pouet dels Jueus, que servia per a abeurar les guardes d'ovelles que hi passaven.

I això, sense oblidar les torrentades que en alguns moments hi han passat i que ens fan pensar en el respecte que hem de tenir a la natura quan es tracta sobretot de torrents. Un lloc, el llit del torrent en el seu final, anomenat Clot de l'Infern.

[10'] Seguirem el caminet més visible que avança per la seva esquerra sobre un terreny arenós i sense fer-se mai gaire enfora de la seva traça. Amb tot, com veurem en endinsar-nos en el torrent, comprovam l'antiga activitat dels trencadors de marès i les seves pedreres, així com les barraques que habitaven pràcticament tota la setmana. Es tractava d'estar a prop de la pedrera i en tot cas anar els dissabtes al poble de Llucmajor, i a d'altres, per a tornar a la feina els dilluns. Una vida en condicions precàries i un treball molt dur que fa que els pobles entre el Coll d'en Rabassa i Llucmajor tenguin un record entranyable d'aquells treballadors i de la quantitat de pedreres existents.

Des de principi de segle xx les successives parcel·lacions de finques donaren lloc a l'inici de l'activitat d'estiueig i, després, ja plenament turística.

[15'] El caminet ens durà a travessar un pont de marès i a seguir la marxa per l'altra vorera del torrent. L'ambient general que trobam per dins el bosc ens dona una idea de la gran activitat extractiva de marès que es produí en un passat no gaire llunyà, amb nombroses pedreres —ara abandonades— i qualque vella barraca escampades per aquests voltants. Prova d'això, el pont que acabam de travessar i el següent que trobarem a l'esquerra, just després de deixar un aljub a la dreta.

Els primers dies de la Guerra Civil, entre el 19 i el 24 de juliol de 1936, de fet en el moment del cop d'estat militar i feixista contra el govern de la República, quan la situació encara no estava definida del tot, els trencadors de ses Cadenes, s'Arenal i es Pil·larí, la majoria d'ells afiliats al Radi Comunista de ses Cadenes, i a la Cooperativa de Producció Unió dels Trencadors de s'Arenal, organitzaren la resistència als feixistes revoltats, militars, falangistes, mercaders del marès i carrabiners. El torrent era un bon lloc per a resistir i on amagar escopetes de caça i bombes de mà que no eren res més que els explosius que es posaven als barrobins per a les pedreres. L'assalt al Fort d'Enderrocat era un dels seus objectius. Pensaven que un proper desembarcament de les forces lleials al govern i la seva acció ajudaria a recuperar aviat Mallorca per a la República. No fou així, s'hagueren de dispersar en pocs dies, cosa que fou aprofitada per a perseguir-los, matar-los o tancar-los a les presons —com Can Mir, el vaixell Jaume I, el castell de Bellver o el fort de ses Illetes i el de Sant Carles— i, posteriorment, enviar-los a camps de concentració durant anys. Aquest episodi ha estat objecte d'investigació del murer Miquel Àngel Tortell Frontera, pregoner de les festes de Sant Cristòfol de s'Arenal (2019).

[20'] Travessam aquest altre pont i tot d'una deixam el camí de terra que ens hi ha menat per prendre un tiranyet a la dreta, que ens durà cap a l'interior del Torrent des Jueus, per la seva part més engorjada. En el mateix indret, prescindim d'una variant del tirany que s'enfila coster amunt.

[25'] Assolim un pas estret de la riera d'enorme bellesa, i si miram cap a baix podem gaudir d'una bella perspectiva del pont que acabam de travessar. Remuntam el seu curs que gira progressivament cap a la dreta fins a desembocar sobre un camí de terra que ens conduirà al pas sota el pont de la connexió de l'autopista amb la carretera del Cap Blanc (Ma-6014).

[35'] El camí que és ara més planer, obert i net, ens permetrà avançar sense gaire dificultat ni confusió. Quan la pista de terra que hem seguit fins ara s'estreny, deixam a l'esquerra una vella pedrera i trobam just davant nostre uns túnels.

[50'] Un doble túnel que ens permetrà superar la barrera de l'autopista de Llevant (Ma-19). Aquí enllaçam amb un camí asfaltat que seguirem en direcció ponent i paral·lels a l'autopista.

[55'] Quan arribam a l'altura del camí de sa Cova —ens arriba per la dreta— tornam a entrar dins el municipi de Palma. Seguim dret una mica més de mig quilòmetre per voltar al primer camí a la dreta i continuam uns tres-cents metres més fins assolir el camí de ses Barraques per anar cap as Pil·larí.

Detall de la part més engorjada del Torrent des Jueus, a prop de la seva desembocadura a s'Arenal, entre Palma i Llucmajor.

[1h 05'] Voltam a la dreta pel camí de ses Barraques fins a recuperar l'asfalt. En aquest camí hi ha diferents propietats que hi donen, entre les quals Son Prim i es Tancat Prim. El camí acaba a la possessió de s'Aranjassa, però no hi arribarem i es travessa pel camí de l'Hostal, que tampoc assolirem. L'hostal, ja desaparegut, fou testimoni d'una de les malifetes del bandoler Durí, de principi del segle XIX, que esmentam a la ruta de Son Binissalom. El camí de ses Barraques, en el segle XIX i principi del XX, estava poblat de barraques de roter i de trencadors, amb les conseqüents activitats de cadascun d'aquests col·lectius.

[1h 20'] Giram a l'esquerra.

[1h 35'] Travessam la carretera Militar —on hi ha una parada i ja podem agafar l'autobús, si volem— i seguim tot dret fins as Pil·larí, per a entrar-hi pel camí de les Meravelles.

[1h 45'] Just en aquest punt, a més de poder veure part del túnel del tren, trobam les parades 280 i 397 de la línia 31 de l'EMT.

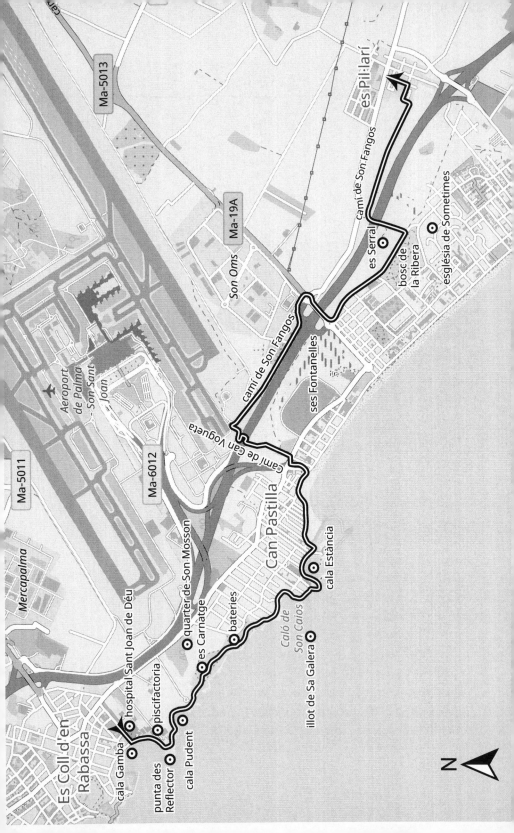

ES CARNATGE – ES PIL·LARÍ

Inici: Hospital de Sant Joan de Déu (EMT: Línia 27, parada 997). **Durada:** 2h 30'

Aquesta ruta ens permet assaborir el patrimoni natural i paisatgístic des Carnatge alhora que reviure el passat ferroviari de l'illa, resseguint la petjada encara visible del seu llegat sense deixar de banda els efectes del boom turístic. Dividim l'itinerari en cinc parts de naturalesa molt diferent: es Carnatge, Can Pastilla, Can Vogueta, del polígon de So n'Oms a la Ribera i l'antiga via del tren. El trajecte, per tant, és molt variat i combina vorera de mar, zona turística, la zona humida o d'aiguamolls de ses Fontanelles, que és el poc que queda de l'antic Prat de Sant Jordi o de Son Sunyer, i el camí per les vies del tren amb la zona també humida de Ca na Vidriera.

Ruta: [00'] Des de la mateixa parada del bus, davant de l'hospital, ens dirigim pel carrer de Sant Joan de Déu cap a la mar, fins al passeig de Cala Gamba.

Som al Coll d'en Rabassa, on sobresurt la figura del glosador «es Cabo Loco», Bernat Rigo Rubí (1870-1936). Mestre Bernat, ferrer de professió, és considerat l'inventor del molí de ferro. De la biografia que va publicar Pere Galiana Veiret, historiador local, n'extreim els següents versos sobre un fet que li passà al glosador que té a veure amb molins:

Jo voldria que bufàs
fins que sa terra fos plana,
Sant Pere i Santa Galiana
tots dos es caps los tomàs
i dins el cel no hi quedàs
fonament ni paret plana
i es sant que està de setmana
sa bufeta l'esclatàs.

[05'] Giram a l'esquerra per seguir la caminada vorera de mar. Aviat entram dins l'àrea natural des Carnatge, mentre enrevoltam la piscifactoria i unes antigues pedreres que trobam a la Punta des Reflector. Al fons, cap al sud, l'illot de sa Galera ja es fa ben visible.

Passam per Cala Pudent i just després ja ens topam amb les cases des Carnatge. A tot el paratge, a més de trobar diferents plantes endèmiques així com aus, sobretot, que són objecte d'estudi dels entesos en la matèria, també hi ha per estudiar la història geològica de l'illa, en especial a la zona de Cala Pudent. Des dels anys 1950 investigadors com Andreu Muntaner Darder i Joan Cuerda Barceló, en col·laboració amb l'INQUA –International Union for Quaternary Research–, han treballat en aquest jaciment per tal d'estudiar el canvi climàtic en el període quaternari, informació que ens ha trasmès el coller Bartomeu Rosselló.

[15'] A les cases des Carnatge, avui en desús i abandonades, les parets ruïnoses ens parlen del seu passat com a indret d'esquarterament d'animals. El nom prové d'aquesta activitat: es mataven els animals vells o es recollien els morts per tal de treure'n diversos productes i alhora llevar del mig les seves despulles, en una època que els animals eren els protagonistes obligats de feines diverses i estaven explotats per les persones quan encara la mecanització era precària.

Entre el 1890 i 1959, se situà en aquest indret el darrer carnatge de Palma. D'aquests animals en sortien pells per a vendre, la carn s'emprava com a pinso per a d'altres animals, i el greix —seu— s'aplicava als productes de pell o es feia servir per a la fabricació de sabó. Els ossos s'afegien a les calderes del mateix carnatge. El carnatger, fins al seu tancament, va ser Josep Alemany Salom «mestre Pep Roig» (1894-1977) —«Roig» pel color dels seus cabells—, segons conta Pere Galiana.

[25'] Quan gairebé ja som al final del passeig des Carnatge, assolim un turonet on antigament se situaven les bateries de costa del quarter militar de Son Mosson. Des dels anys 20 als 60 les instal·lacions militars convertiren aquesta zona en un punt estratègic en la defensa de la ciutat. Un poc més endavant trobarem l'últim mirador d'aquesta primera part de la ruta, des d'on podem contemplar les aus marines pròpies del litoral: virots, gavines i corbs marins.

Al mateix temps la història des Carnatge va lligada al contraban i a l'estraperlo, la defensa antiaèria durant la Segona Guerra Mundial i, ja d'abans, l'explotació de les pedreres. A més a més, s'hi troben restes de fòssils importants com la petjada de *Myotragus balearicus*, petita cabreta extingida a les Balears fa devers 3.000 anys.

A la vegada podem veure l'illot de sa Galera, important jaciment arqueològic d'època talaiòtica (concretament, púnica), així com de restes de la conquesta romana, recentment excavat i posat en valor per l'Associació d'Amics de na Galera. Per fer-hi una visita s'ha de contactar amb aquesta associació.

[35'] Abandonam l'àrea natural i entram dins la zona urbanitzada de Cala Estància. Seguint el passeig litoral, primer pel carrer del Congre i tot seguit pel carrer del Pagell, passarem per la platja del Caló de Son Caios —també dita Clot d'en Bernadet—, just davant sa Galera. Immediatament, voltam per davant d'una vella instal·lació turística abandonada.

[45'] Entram dins la zona de bany de Cala Estància, que ràpidament connecta amb l'altra zona residencial i turística de Can Pastilla. Aquí ens topam amb el testimoni del fenomen turístic amb quantitat d'hotels, cases i xalets i altra oferta complementària: bars, restaurants, botigues de souvenirs, club nàutic, etc.

Tota una història a partir del topònim Can Pastilla, on abans només hi havia pràcticament la possessió de sa Torre Redona. El nom prové d'una taverna que hi havia. Segons la *Gran Enciclopèdia de Mallorca*, un tal Pastelli de malnom hauria estat el propietari d'aquell establiment. Més aviat seria, però, un establiment on hi venien pastilles de tabac de contraban. En tot cas, el barri de Can Pastilla s'hauria iniciat a la primera meitat dels anys 1920 i el promotor de la urbanització va ser Bartomeu Riutort Sabater. La primera pedra de l'església de Sant Antoni de Pàdua, denominació de la parròquia, es va posar el 1927. En principi, el nom del nou llogaret d'estiueg havia de ser San Antonio de la Playa, però no va tenir acceptació popular.

[50'] Davant nostre s'obre ara la imponent visió de s'Arenal, de Palma fins a Llucmajor, a l'altre extrem. Dins aquesta extensa zona hi desemboca el torrent de la Síquia de Sant Jordi, just on acaba la zona humida de ses Fontanelles.

[1h 00'] Prenent com a referència l'establiment hoteler El Cid, abandonam la primera línia i ens dirigim pel carrer del Vaixell cap a la carretera vella de s'Arenal —carrer de Manuela de los Herreros. La travessam i seguim la marxa pel camí de Can Vogueta —oficialment, Bogueta—, un vial de terra perpendicular a l'autopista de Llevant que voreja l'àrea natural de ses Fontanelles, a la nostra dreta.

En el camí de Can Vogueta observam, en no gaire bon estat, una sèrie de cases i alguna pedrera de quan a ses Fontanelles hi havia les activitats de trencadors i de treballadors de les salines que funcionaren fins als anys 1960. Actualment a l'àrea que s'ha salvat de ses Fontanelles hi tenim molts de tamarells i una planta endèmica en perill d'extinció anomenada *Limonium barceloi* —en català, saladina de ses Fontanelles.

[1h 15'] Trobam un pont per a vianants, on podem admirar tota l'extensió de ses Fontanelles, que travessa l'autopista i ens deixa sobre un vial de servei de l'Aeroport —camí de Son Metge. Voltam a la dreta i seguim direcció sud-est per enllaçar immediatament amb el camí de Son Fangos (Ma-6012) que, paral·lel a l'autopista, ens guiarà fins a la intersecció amb la carretera de Llucmajor per s'Aranjassa (Ma-19A). En aquest indret hi ha el polígon industrial i de serveis de So n'Oms. El «Cas So n'Oms», per corrupció, s'inicià en 2007.

[1h 40'] Feim la rotonda en sentit de les agulles del rellotge per travessar de bell nou l'autopista i prosseguir la nostra marxa

Cases des Carnatge, entre es Coll d'en Rabassa i Can Pastilla.

pel carrer de Samil, vorejant per la part interior el barri de la Ribera. Aviat veurem a la nostra esquerra la possessió des Serral, dalt del turonet que li dona nom, i el bosc de la Ribera, a la dreta. Si voleu, podeu fer un bocí de camí i tornar al mateix carrer per l'altre extrem del parc, just davant el portell d'entrada des Serral —carrer de Samil, 40.

A prop del bosc de la Ribera, si volem desviar-nos i dedicar-hi uns quinze minuts més, al carrer de Bartomeu Xamena núm. 30, pujant una escalinata, hi ha una petita capella dins un agradable bosc de pins envoltat de cases, però amb una certa distància, que fan que sigui un petit bosquet sobre una de les antigues dunes de s'Arenal. En aquesta capella, dedicada a la Sagrada Família, fins no fa gaire hi deien missa els diumenges a l'estiu. Ara està dedicada al culte de l'Església Ucraïnesa de Mallorca. La primera pedra d'aquesta església, que recorda les petites esglésies de repoblació catalana de Mallorca, va ser posada el 23 de maig de 1956 en uns terrenys donats per l'enginyer

75

basc Luis Bejarano Murga (1900-1993), fundador de l'empresa de motocicletes LUBE i promotor en aquest indret, als anys 1950, de la urbanització de Sometimes.

[2h 00'] En el portell que abans hem indicat hi ha un camí que connecta la Ribera amb es Pil·larí. El camí des Serral s'enclota a l'altura de les cases, que deixam a l'esquerra, per travessar l'autopista. Tot just en haver sortit del túnel, sortim del camí pel costat dret i caminam unes passes per dins dels rostolls. Si ha plogut convé dur unes bones botes *katiuskas* perquè dins el túnel hi haurà aigua i fang en quantitat.

En cas que volguéssiu, o també que no es pogués entrar pes Serral a les antigues vies del tren, des del bosc de la Ribera es pot accedir al carrer i capella esmentats del barri de Sometimes pel carrer del Sargàs, a l'altura de la porta d'aquest bosc, adreçant cap al carrer de Foncalada que dona al carrer de Bartomeu Xamena. Després, des d'aquí, cap al carrer d'Acapulco i, voltant a la dreta al carrer de Samil i la seva continuació, la Mar d'Aral, es podria arribar al camí de les Meravelles i girar a l'esquerra cap as Pil·larí.

Bartomeu Xamena Simonet (1919-2009) va ser un destacat hoteler de s'Arenal, fundador i president de l'Associació Hotelera de la Platja de Palma.

[2h 05'] Aviat, si podem passar pes Serral, descobrim el turonet artificial que sustentava la línia fèrria que unia Palma amb Santanyí a través de Llucmajor i Campos. A partir d'ara es tracta de seguir l'antic traçat ferroviari.

El ferrocarril de Santanyí, com repetim en diferents rutes, s'inaugurà el 1916 i estigué en servei fins a 1964. Una de les seves baixades es trobava en el mateix Pil·larí, poble que, com indicam en altres rutes, es va començar a formar amb l'establiment de Son Sunyer (1905). La via conserva el pont de tres boques i l'estructura de pedra per on passava, travessant horts com Can Bessó, amb els seus molins ara mig esbucats. Per aquest camí també hi ha la zona humida de Ca na Vidriera.

[2h 10'] Travessarem el pont de tres ulls que salva el gual del torrent de Son Sunyer —Ca na Vidriera. Per mor de què tota la zona del Pla de Sant Jordi es troba solcada pels torrents que desem-

Pont de la línia ferroviària Palma-Llucmajor, a l'altura de Ca na Vidriera, a prop des Pil·larí.

boquen a la badia de Palma, s'hagueren de construir un total de sis pontons en només vuit quilòmetres per facilitar la marxa del tren.

[2h 25'] El tram ferroviari acaba en es Pil·larí, just allà on la línia s'endinsava dins la terra per davall del vell camí de Muntanya per emergir un centenar de metres més enllà i girar en direcció a ses Cadenes. Els darrers anys el poble des Pil·larí organitza una de les tres fires, junt amb Sant Jordi i Son Ferriol, del municipi de Palma: la Fira del Llonguet. I en aquesta contrada de l'antiga possessió de Son Sunyer s'ha començat a incorporar a les festes l'anomenat Dimoni de ses Arenes.

La nostra ruta acaba aquí. Sortirem al camí de Son Fangos, pels carrers Martina Pascual primer i Roncal després, on hi havia el Cine Modern o de Can Comte. Allà trobarem a la dreta la parada 952 de la línia 31 de l'EMT.

[2h 30'] Final de ruta.

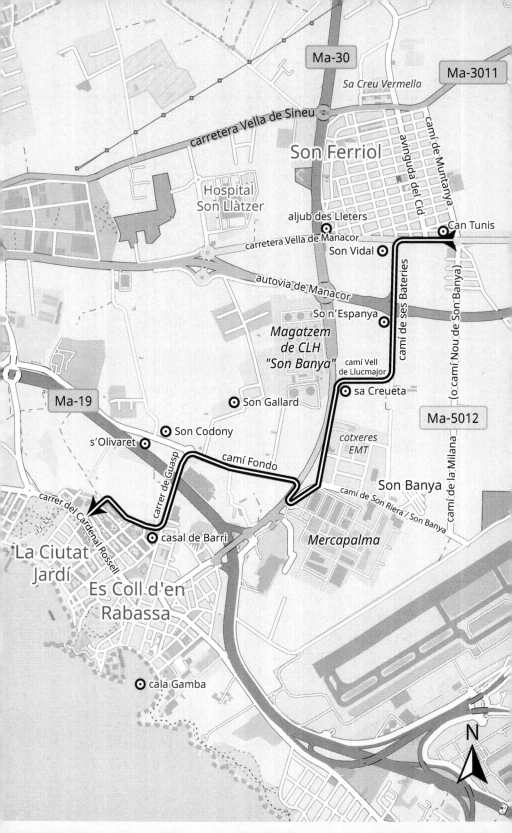

SON FERRIOL – ES COLL D'EN RABASSA

INICI: Parada 793 de la línia 14 de l'EMT a la carretera vella de Palma a Manacor Ma-15D.

DURADA: 1h 25'

Aquesta ruta uneix els pobles de Son Ferriol i des Coll d'en Rabassa, que tenen el seu origen a la segona meitat i final del segle XIX. Primer es Coll d'en Rabassa. I cap a final de segle, Son Ferriol, que començà en els nuclis de cases de sa Creu Vermella —al nord— i Can Tunis —al sud. Les seves respectives poblacions estan a l'entorn dels 10.000 habitants. Els dos nuclis es troben a uns cinc quilòmetres de Palma i en són els més propers pel que fa al conjunt Pla de Sant Jordi – Horta d'Avall, si exceptuam es Molinar. Entre ells, en línia recta no hi ha més que dos quilòmetres. Les dues poblacions nasqueren dins el procés de poblament de tot aquell fora porta de llevant de Palma, que començà a meitat del segle XIX amb la dessecació del Prat de Sant Jordi, l'interès per les pedreres i l'estiueig a s'Arenal i altres nuclis costaners de Palma, entre els quals es Coll d'en Rabassa mateix. Fins a mitjan segle XX, podem parlar d'un nucli que consideram ja d'interior, pagès, i un de costaner, amb activitats de pedreres de marès, pagesia, pescadors i indústries. Tots dos, però, units per la gran quantitat d'horts, i d'antigues possessions, que d'antuvi abastien de queviures la ciutat de Mallorca, així com pels característics molins de vent d'extracció d'aigua amb els seus corresponents safareigs.

Torre de control de l'aeroport i molí de vent, contrasts en el paisatge dels voltants de Son Ferriol, pel Camí Fondo.

RUTA: [00'] Des de la mateixa parada del bus arrencam la marxa en direcció a Palma. Amb tot, cal explicar que, d'on partim, no és més que la part de Son Ferriol que nasqué abans del mateix poble, el 1898, a partir de la taverna-hostal-botiga que encara es conserva com a Cafè de Can Tunis, fundat pel pagès Bartomeu Oliver Palmer, tal i com consta a una jàssera dins del mateix cafè, amb inclusió de fusteria, ferreria i barberia. Pensem que l'indret era adient per ser lloc de pas de la diligència i de carros que venien per la carretera de Manacor. Can Tunis procedia de la possessió de Son Santjoan. Hi ha qui diu que Can Tunis havia de ser Can Turis —d'«aturar-se»— però qui va fer el rètol s'equivocà i així va quedar.

Després, la possessió de Son Ferriol es parcel·là i s'urbanitzà —a partir de 1917—, per obra del capellà i vicari del nou nucli, el llucmajorer Bartomeu Font Cantallops (1871-1949), que comprà la finca a la senyora Maria Anna Bonafè Orell, casada amb Jeroni Pou Magraner —advocat i polític republicà primer i després reformista—, que la va representar.

De Bartomeu Font podem dir també que col·laborà amb Mn. Alcover —després se'n distancià per l'anomenat «afer del pagaré»— en la tasca del *Diccionari de la Llengua Catalana* i que fou fundador de l'Esperantista Klubo de Palma.

Enfront del Cafè Can Tunis, tenim la unió dels camins de Muntanya i el camí Nou de Son Banya —ara anomenat de la Milana a petició dels veïns—; és el barri ferrioler des Turó, el més allunyat del centre i amb característiques pròpies. Aquest indret, la taverna i el turó, com hem dit, provenia de la possessió de Son Santjoan i podria ser perfectament l'espai que descriu la rondalla «Sa Jaia Gri», que parla del pinar d'aquesta possessió. També, segons l'Arxiduc Lluís Salvador, seria el lloc anomenat Pla de les Bruixes, que s'estendria des de l'Aljub des Lleters cap a sa Casa Blanca. Un lloc molt interessant del camí de Manacor que uneix els pobles de l'illa, des d'Artà fins a Ciutat. Zona de pas i històries com la mateixa del nom Can Tunis.

Travessam diversos carrers sense sortir de la carretera de Manacor, el més important de tots l'avinguda del Cid, que condueix cap a sa Creu Vermella, una altra zona origen també del poble, i d'aquí cap al Pla de na Tesa, ja al municipi de Marratxí. En aquest carrer hi ha la plaça de Bartomeu Font, centre neuràlgic del poble amb molts de negocis, mercat setmanal els dissabtes, l'escola concertada i l'església de Sant Antoni Abat —la parròquia data de 1953— de la qual es posà la primera pedra el 1955. Abans el culte es feia en el petit oratori de Can Cavaller (1929), del qual es conserva la façana en el carrer de la Blatera 14. I abans de tot a l'oratori de la possessió de Cas Correu. El Cid substituí, el 1942, per raons polítiques del règim, en voler castellanitzar-ho tot, el nom del carrer, que era Wilson, promogut pel mateix fundador Bartomeu Fons, en honor al president nord-americà de la Primera Guerra Mundial que morí el 1924.

Son Ferriol, tot i el seu creixement actual, havia estat un poble agrícola de Palma. Per això fa molts d'anys que s'hi celebra la Fira Agrícola, Ramadera i Comercial; una de les tres de Palma, amb

Sant Jordi i es Pil·larí. També els darrers anys, com a recuperació i actualització de les festes tradicionals, pel seu patró Sant Antoni s'hi celebren els foguerons i un especial pregó des d'un balcó de l'església que congrega gairebé tot el poble, amb acompanyament de dimonis i altres elements de la festa.

[05'] A la primera rotonda, a l'altura de l'antic Español Cinema i de les cases de Son Vidal, voltam a l'esquerra pel camí de ses Bateries. Un tram d'aquest camí és ara la nova connexió de Son Ferriol amb l'autovia de Manacor, un cop acabades les obres de la via connectora o segon cinturó. En direcció cap a Palma, per la carretera vella de Manacor, i si un vol afegir temps a aquesta ruta i desviar-se una mica, a uns 450 metres, ara amagat pel nou pont, hi ha l'Aljub des Lleters, lloc on es refrescava la llet dels ramaders de la zona, i del Pla de Sant Jordi, abans que els lleters de Palma l'anassin a cercar.

[15'] Tornant a la ruta, trobam un pas subterrani que condueix a l'altre costat de l'autovia, on sortim a una rotonda. La travessarem i seguirem tot dret per la continuació del camí de ses Bateries. Deixam a la dreta les cases de So n'Espanya i caminam en direcció a l'antic quarter d'artilleria, i després d'intendència, de Son Banya, actualment tancat.

[20'] Podem gaudir de la visió de l'omnipresent puig de Galatzó emergint per darrere dels dipòsits de CLH a la nostra dreta.

[30'] A l'altura del quarter de Son Banya, el camí de ses Bateries volta a la dreta, perd l'asfalt i muda el nom per camí vell de Llucmajor. Passarem per davant les cases de sa Creueta, que també s'anomenaven de Sant Marc, sent una de les tres que queden actualment d'aquesta tipologia. Procedeix de la parcel·lació de la possessió de Son Pujol, que tenia set horts amb noms de sants: tots amb edificis envoltant una clastra. El nom de sa Creueta ve d'una petita creu de marès que veim en l'edifici de l'enfront quan giram a l'esquerra. Prové de la partió que feia amb la possessió de Son Gallard, propietat dels dominics fins a la desamortització de Mendizábal el 1836.

[35'] I ens acostam a les cotxeres de l'EMT.

[40'] També ens acostam al petit polígon industrial que segueix i recuperam l'asfalt. En arribar al camí de Son Riera / Son Banya (Ma-5012), giram a la dreta i avançam fins a la rotonda de Mercapalma.

Casal modernista de cals Rossos, que acollí l'escola pública del Coll d'en Rabassa.

[50'] La següent passa a donar és delicada i requereix molt de seny i precaució. Hem de travessar l'Ma-30 en direcció a Son Ferriol i tot d'una voltar a l'esquerra pel camí Fondo.

[1h 00'] A set-cents metres trobam la rotonda d'accés al Coll d'en Rabassa. Des d'aquest punt, a la dreta, s'hi troben les cases de Son Gallard. I si seguíssim pel camí Fondo cap a Palma, a uns dos-cents metres hi ha les cases i sínia abandonades de s'Olivaret a l'esquerra i de Son Codony a la dreta.

Son Gallard, documentada ja el 1653, tenia un celler i un temps estava dedicada al conreu de la vinya, cereals i lleguminoses a més de tenir guardes d'ovelles i porcs.

Aquesta rotonda a l'esquerra dona al carrer de Guasp i va cap a l'interior del Coll d'en Rabassa. Seguint la nostra ruta, travessam el pont sobre l'autopista i entram dins el poble per l'antiga estació del tren de Santanyí (1916), convertida avui en casal de barri i biblioteca municipal.

Manuel Guasp Pujol (1849-1924), advocat i polític, primer liberal, després conservador i finalment maurista, va ser batle de Palma i diputat a Corts, i entre d'altres coses, president de l'empresa naviliera La Isleña Marítima. Fou l'establidor del Coll d'en Rabassa com a apoderat dels senyors de la possessió de Son Manuel, els Palou de Coma-sema.

[1h 10'] Giram a la dreta per davant de la vella estació pel carrer de Son Rossinyol, que tot d'una passa a dir-se carrer de Bernat Rigo.

Bernat Rigo Rubí (1870-1936) era ferrer i glosador. Nascut a sa Cabaneta —Marratxí—, es pot considerar fill des Coll d'en Rabassa i va ser conegut amb el malnom d'«es Cabo Loco». La seva fama va ser, tant per la facilitat per a improvisar en els combats de glosa de picat, com per ser l'inventor del molí de ferro a Mallorca. Una de les seves gloses que fa referència a la feina de moliner la reproduïm a la ruta des Carnatge fins as Pil·larí.

Es tracta d'un carrer que, a mode de passeig, transita entre les cases i els sementers fins que gira a l'esquerra. De tota manera, si un vol dedicar uns quants minuts més a la ruta, abans de girar a la dreta, seguint el carrer de Guasp, a uns 50 metres escassos tenim la casa modernista, avui en dia escoleta, que va ser també, entre els anys 1920 a 1934, l'antiga escola pública del Coll. La casa la va fer Bernat Quintana, de la família dels *Rossos*, ric mercader de marès i material de construcció.

Just al costat, al número 70, hi ha l'edifici que fou el primer cine del Coll d'en Rabassa. Segons l'historiador Pere Galiana va ser construït cap a 1920 per Pedro Suasi Moll, amb el nom de Cinema Edison, que de 1922 fins a 1927 hi feu obra per cobrir-lo. Continuà dirigit, després, per Pep Suasi Moll amb el nom de Cine Rosales, per a acabar venent-lo a un nou propietari, Pere Mir Brunet, que el tancà el 1945 davant la competència d'un nou cinema. Durant la Segona República s'hi feu un concurs de Miss Coll d'en Rabassa, que fou Margalida Amengual Adrover, «na Margalida de sa Plaça». Durant la Guerra Civil passà temporalment a la Secció Femenina de la Falange. En aquell temps sofriren la repressió feixista, com a Son Ferriol i per tot arreu.

Aprofitam aquest carrer de Guasp per afegir que, si el seguíssim fins al de Cardenal Rossell i el travessàssim recte apareix el carrer de Bartomeu Castell que condueix a la plaça de l'Església i al final de tot a Cala Gamba, just devora el Club Nàutic. El canonge regent de la parròquia de Santa Eulàlia, Bartomeu Castell Bosch (1833-1909), fou el promotor de les obres de l'església dedicada a la Mare de Déu del Carme (1887). En aquesta plaça s'hi celebren les festes de Sant Antoni que recorden la importància històrica de l'agricultura d'aquesta contrada, amb els foguerons i la recuperació recent, després d'una setantena d'anys, del Dimoni Coller que balla amb sant Antoni davant una gernació d'assistents. També, per les festes de la Mare de Déu del Carme, patrona dels pescadors, hi ha la tradicional processó marinera organtizada pel Club Nàutic Cala Gamba. Molt a prop del Club Nàutic i de l'església hi ha el fort de la Torre d'en Pau acabat de construir en 1898.

[1h 20'] Aquest carrer, el de Bernat Rigo, al final gira a l'esquerra i torna a canviar de nom, Jacob Sureda (1901-1935), pintor i poeta valldemossí. Si ens hi fixam, a la dreta del carrer veurem un camí sense sortida que coincideix amb un tram de l'antic traçat ferroviari que passa per horts; una llàstima que no pugui enllaçar amb Palma com a nova ruta alternativa i més rural que la de vora mar.

[1h 25'] Sortim al carrer del Cardenal Rossell, antic camí del Prat [de Sant Jordi] i també carretera de Llucmajor, segons el lingüista Gabriel Bibiloni.

Nicolau Rossell (1314-1362) fou un frare dominicà nascut a Felanitx que, entre altres càrrecs, fou capellà del rei Pere III el Cerimoniós, inquisidor del Regne d'Aragó, cap d'inquisidors a la Corona d'Aragó i cardenal.

I en aquest carrer, just a la dreta, tenim la parada 442 de les següents línies de l'EMT 18, 28 i 35 per tornar a casa.

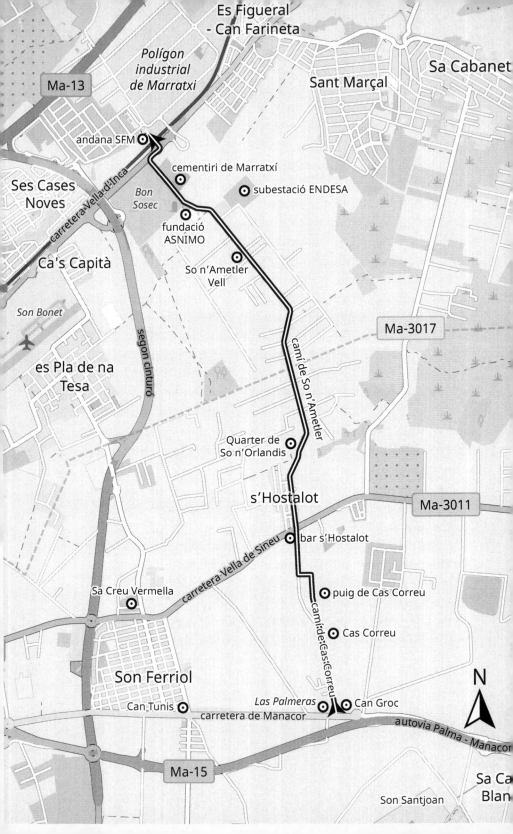

CAMÍ DE CAS CORREU

INICI: Parada bus EMT 828 L14/Km7 Ma15D Carretera de Manacor, davant benzinera <www.emtpalma.cat>. Atenció, al final de la ruta enllaçau amb línia M2 del Metro Palma-Marratxí —andana Polígon de Marratxí <www.trensfm.com>.
DURADA: 1 h 55'

En aquesta ruta anirem del municipi de Palma al de Marratxí per les terres dels orígens de Son Ferriol i de la seva església, originàriament a l'oratori de Cas Correu. Aquest recorregut ens servirà per a connectar amb la història de la Guerra Civil, la Segona Guerra Mundial i, fins i tot, amb casos de corrupció a la Mallorca del final del segle passat. Hi haurà la possibilitat de fer memòria històrica, al cementiri de Marratxí, dels represalitats republicans de la Guerra Civil.

El camí de Cas Correu travessa el Pla de Sant Jordi, a l'altura de Son Ferriol, fins a Marratxí. Per la part del camí de So n'Ametler, a l'inici, recorrerem part del barri-poble de s'Hostalot per passar per les restes del que fou el quarter de So n'Orlandis, ara ja desaparegut, amb la seva importància estratègica per a la Guerra Civil i, sobretot, durant la Segona Guerra Mundial. Finalment, arribarem als cementiris del «Bon Assossec» i de Marratxí.

RUTA: [00'] Des de la mateixa parada de l'autobús, ens dirigim cap a la benzinera, i ben davant tenim l'inici del camí de Cas Correu, indicat com a ruta cicloturista de Sant Jordi a Santa Maria.

S'Hostalot, a la Carretera Vella de Sineu, l'hostal que donà nom a la zona i al nou barri de Palma.

Mentre anam fent passes per sobre d'aquesta ruta asfaltada, podem veure a la dreta el molí de Can Groc.

[5'] Poc després ens trobam a l'esquerra la parcel·lació de *Las Palmeras*. De fet, en tota la ruta trobam parcel·lacions noves de casetes i xaletets, tant al terme de Palma com al de Marratxí, que contribueixen al procés de pèrdua de sòl rústic en ambdós municipis.

[10'] Passam per davant es Pasqualins, a la dreta, un vell molí habilitat com a habitatge. Al mateix costat del camí, però un poc més endavant, hi trobam les cases de Cas Correu, una bella possessió que dona nom a aquest camí.

A l'oratori de Cas Correu es deia missa els diumenges per a la gent de Son Ferriol mentre no va disposar de l'oratori de Can Cavaller —a partir de 1929. Cap a 1890 els pobladors de sa Creu Vermella, des de 1898 els de Can Tunis, i des de 1918 els de Son Ferriol, així com els de les diverses possessions de la zona, havien d'acudir als temples de les vicaries *in capite* de la Soledat —parròquia des de 1913— o del Pla de Sant Jordi —parròquia des de 1934. El capellà de l'oratori era Bartomeu Font Cantallops, fundador del poble de Son Ferriol el 1917. Seguim així fins que la carreterona fa un doble revolt a l'esquerra.

[15'] Nosaltres optam per seguir dret per un camí fora asfaltar que descriu un suau ascens mentre supera un petit serral. Son Puig o es Puig de Cas Correu podria ser el nom d'aquest espai, antics horts convertits en parcel·lacions entre qualque sementer i ametlerar. Aquesta variant del camí de Cas Correu desemboca sobre el camí de sa Tanca.

[30'] Aquest camí és un vial asfaltat que hem de seguir cap a l'esquerra fins a recuperar el camí de Cas Correu, poc abans de la carretera vella de Sineu, a la nostra dreta, a l'altura de s'Hostalot, on hi trobam l'hostal que donà nom a la zona i al nou barri.

[40'] Travessam —anem alerta perquè és perillós!— la carretera Ma-3011 (km 5) i prosseguim la ruta pel camí de So n'Ametler, ben davant nostre. Les nostres passes avancen direcció nord per dins la urbanització de s'Hostalot, mentre que per la nostra esquerra ens arriba un curiós enfilall de carrers amb nom de puigs.

La urbanització de s'Hostalot, tot i que tenia un projecte de parcel·lació de 1883, no s'inicià fins a la dècada dels anys 1960 i és un barri on la gent ha d'acudir per a molts de serveis —salut, educació, correus i oficina municipal, principalment— al poble de Son Ferriol.

[50'] Al final del carrer, just quan deixam enrere les cases, descobrim a la nostra dreta les terres de So n'Orlandis, alhora que se'ns obre un paisatge immens al nostre voltant, solcat de petits comellars.

Entre aquests comellars, a uns dos-cents cinquanta metres de s'Hostalot, entre una paret a la dreta i un tancat de filferro a l'esquerra, just abans que el camí giri a l'esquerra hi havia, entre 1937 i poc abans de 1986, el quarter d'artilleria de So n'Orlandis, amb magatzems i cases per als soldats i oficials a banda i banda del camí. S'ha de dir, però, que en els anys 1960 ja el començaren a desmantellar i a cobrir les boques dels canons mentre aprofitaren els edificis per a magatzem d'Intendència. És a la

89

banda esquerra que es pot observar un petit edifici ruïnós, amb enderrocs mesclats amb mates i altres plantes de garriga, i algunes plataformes asfaltades o encimentades arran de terra.

Si agafam el Google Maps del mòbil, en mode satèl·lit, podem observar sis plataformes circulars, de les quals quatre eren per a canons antiaeris, una per a un goniòmetre —mesura d'angles— i una altra per a un telèmetre —mesura de distàncies. Aquesta instal·lació militar antiaèria començà a construir-se el 1937 —el 1938 figura com a «*Campamento de la 6ª Batería Legionaria Son Orlandis*»— amb l'objectiu de defensar la Mallorca ocupada pels feixistes contra l'aviació republicana, en concret dels aeroports militaritzats de Son Bonet i Son Santjoan, amb forta presència d'aviació italiana, durant la Guerra Civil. Aquesta presència d'italians en el Pla de Sant Jordi fou objecte de tota casta de conjectures per algunes relacions amb joves mallorquines.

Després, l'any 1939 —projecte d'instal·lació de quatre canons antiaeris de 10,10 cm en explanades protegides— i els anys 1940, amb les característiques de les instal·lacions que hem esmentat, feren la mateixa funció de protecció dels camps d'aviació esmentats i de prevenció d'una invasió aliada durant la Segona Guerra Mundial. Eren part del conjunt format per les bateries de Son Moix i del fort de Sant Carles que alhora, per triangulació, defensaven conjuntament el port de Palma.

Pel que fa al quarter de So n'Orlandis, en part derruït, però també en part cobert a propòsit per a evitar mals a causa dels pous i galeries, és un tresor testimoni de les guerres d'Espanya i Mundial que bé podria donar valor patrimonial a aquesta zona de s'Hostalot, i per a l'estudi d'aquesta època a tot el Pla de Sant Jordi, Marratxí i Palma en general; si fos possible i objecte de reivindicació important, com el cas de les bateries i quarter de Son Mosson en es Carnatge.

[1h] Sense deixar el camí de So n'Ametler trobam dos caminals d'accés a sengles urbanitzacions, So n'Orlandis de Dalt i sa Tanca de So n'Orlandis.

[1h 10'] Ja a prop de la partió entre Palma i Marratxí hi trobam el vial de sa Pleta de So n'Orlandis. Ara el camí gira cap al nord-

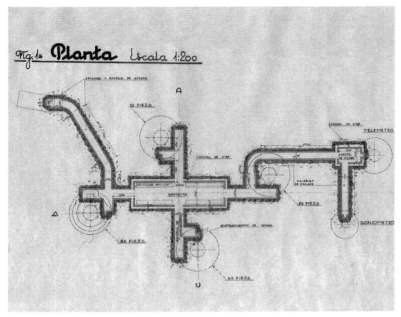

Plànols de la infraestructura militar (bateries antiaèries) de So n'Orlandis (agraïm la cessió de la imatge a l'Archivo Intermedio Militar de Baleares).

oest, ja som dins Marratxí i ens acostam als antics dominis de So n'Ametler Vell i Nou, continuació de So n'Ametler de Palma.

[1h 30'] El vell és ara un centre d'estudis —*The Academy International School*— i les cases de la possessió constitueixen el cos central de les instal·lacions acadèmiques. Just aquí deixam a l'esquerra el camí que antigament connectava So n'Ametler Vell amb el Nou i la possessió de So n'Alegre i, arribava fins al Pla de na Tesa. Seguim la nostra marxa per aquest camí de So n'Ametler en direcció a la carretera vella d'Inca, amb la visió de la Tramuntana ben de cara.

[1h 35'] Trobam uns horts urbans a la nostra dreta i un poc més endavant un magatzem de construcció i una subestació d'alta tensió d'ENDESA a l'altura de So n'Ametleret. Tot seguit, a l'esquerra, apareix el Centre d'Educació Especial Princesa d'Astúries de l'Associació Síndrome de Down de les Balears inaugurat el 1976 i capdavanter en la seva especialitat.

Ametlerar que envolta l'antiga bateria antiaèria de So n'Orlandis.

[1h 45'] Els últims metres del camí de So n'Ametler els fem entre els darreres del cementiri anomenat «Bon Assossec», abans privat i ara municipal de Palma, tot i estar dins el municipi de Marratxí —paret de l'esquerra— i el cementiri municipal de Marratxí, a la dreta.

El Cas «Bon Assossec», relacionat amb aquest cementiri que havia de ser privat i de luxe, fou un procés per corrupció de connexió empresarial i política a Mallorca durant els anys 90 del segle xx. Pocs anys d'iniciades les obres, el negoci començà a no anar bé i necessità l'aportació d'uns centenars de milions de pessetes per part d'una empresa semipública del Govern de les Illes Balears. Segons recull la premsa d'aleshores, el 1988, una fundació privada de les Illes Balears, creada pel president del govern, havia rebut unes aportacions dels empresaris promotors pocs dies abans que el govern balear aprovàs d'interès social el projecte d'aquest cementiri privat. El 1997 l'EFM —Empresa Funerària Municipal de Palma— comprà el cementiri per una quantitat superior al miler de milions de pessetes.

En aquest cementiri hi ha enterrat Ricard Sicre Cerdà (1919-1993), un combatent de la Guerra Civil espanyola, membre d'Esquerra Republicana de Catalunya, que en acabar la guerra anà a parar al camp d'Argelers al Rosselló i després a Londres i els Estats Units. Aviat passà a tenir un paper destacat com a agent americà d'espionatge a Espanya, França i el nord d'Àfrica durant la Segona Guerra Mundial i finalment, també, durant la Guerra Freda amb les relacions americanes amb el règim franquista. Fou un home de negocis que acabà els seus dies a Mallorca. Fou amic i amfitrió d'escriptors, polítics, artistes, actors o actrius com Robert Graves, Ernest Hemingway, Camilo José Cela, Ava Gardner, Rainiero de Mònaco, Salvador Dalí o Narcís Serra entre d'altres. Un documental de Quindrop Produccions Audiovisuals coproduït per TVE i IB3, «Agent Sicre, l'amic americà», que es pot veure per la xarxa, ens dona una idea molt aproximada d'aquest personatge rocambolesc.

Pel que fa al cementiri de Marratxí, l'any 2018 s'hi realitzà, per part de la societat de ciències basca Aranzadi, una intervenció arqueològica dins el Pla d'Actuació de Fosses de 2018 amb finançament de la Conselleria de Cultura, Participació i Esports del Govern de les Illes Balears i la col·laboració de l'Ajuntament de Marratxí i l'associació Memòria de Mallorca. Si es vol entrar al cementiri almenys s'han d'afegir uns quinze minuts més. En aquest cas, en el sector central esquerra del cementiri vell, al segon quadrat esquerre hi ha un rètol indicatiu d'on es trobaren esquelets, dos dels quals, gràcies a l'ADN, han estat identificats com els pollencins Miquel Marquet Perelló i Antoni Castanyer Cifre. Tots dos foren assassinats entre els dies 17 a 22 d'agost de 1936 al km 7,8 de la carretera vella d'Inca, quasi devora el cementiri. Després del cementiri s'assoleix l'esmentada carretera d'Inca on veurem un pas per a vianants pintat de vermell que ens guiarà fins a l'estació del tren de la SFM.

[1h 55'] I ja som a l'andana Polígon de Marratxí / Línia M2 del Metro Palma-Marratxí.

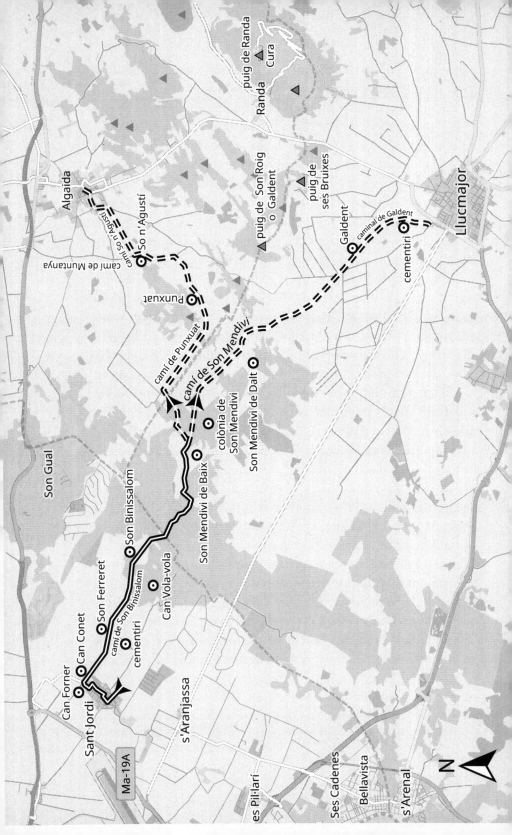

CAMÍ DE SON BINISSALOM
(1. LLUCMAJOR – 2. ALGAIDA)

INICI: Plaça del Bisbe Planas de Sant Jordi. Per arribar-hi podem fer servir les línies 14 i 31 de l'EMT (parada 834 i 811). Per a la tornada podeu fer servir la línia 500 des de Llucmajor del servei de transport col·lectiu per carretera del TIB i la línia 400 des d'Algaida (<www.tib.org>).
DURADA: 4h 20'

Aquesta ruta té un interès històric i etnològic importantíssim. I una història de bandolers del segle XIX; la d'en Durí que a principis del segle XIX tenia el seu cau entre Sant Jordi, s'Aranjassa, s'Arenal, Llucmajor i Algaida. Un Sant Jordi que encara no existia com a poble, una s'Aranjassa que era una possessió, un s'Arenal que seria un nom geogràfic i les viles d'Algaida i Llucmajor. La ruta té un encant especial perquè passa per diferents possessions, pel paisatge, en gran part protegit, per les barraques de roter, paret seca, alguna pedrera, sitges, forns, aljubs, cisternes, abeuradors, basses, cocons, etc. Essent unes terres bastant àrides i l'aigua un bé escàs, durant segles s'hi va desevolupar una cultura de l'aigua que ens ha aportat tots aquests elements, tot i que avui en dia en una decadència massa accentuada.

RUTA: [00'] Començam la caminada des de la mateixa parada del bus en direcció cap a Palma i tot d'una giram a la dreta pel carrer de Neira.
En aquest carrer, a la casa que actualment és el núm. 18, s'hi port veure a la llinda un sagrat cor de Jesús i un «*Bendeciré*». Va ser, durant la Segona República, el Centre de Lectura Ramon Llull,

i la seu de la Falange local durant la guerra i principi del Franquisme. A l'actual núm. 21 també hi va haver, durant la Segona República, el Centre Cultural Republicà adscrit primer al Partit Republicà Federal i després al Partit Republicà Radical. Aquest local estava a la primera planta del cafè de Can Prats, ja desaparegut.

[05'] Al final de la via, tornam a girar a la dreta per davant de l'antiga taverna de Can Bernat —més antigament anomenat cafè dels vells— i feim un bocí del carrer del Caragol —ens recorda la possessió propera a l'Hostal des Pla. En aquest mateix local al carrer del Caragol hi hagué el 1936 la seu d'Esquerra Republicana Balear.

Girant a l'esquerra tenim el carrer de Son Tropell, nom que prové d'una família de Llucmajor establerta en una casa avui desapareguda. En aquest tram, al travessar el carrer de Pau Bouvy —l'enginyer de la dessecació del Prat—, el carrer de Son Tropell canvia de nom i esdevé Metge Claverol.

Josep Claverol Fenosa (1887-1945) fou un metge de l'època dels anys 1910 als 1940, que va ser requeté durant la Guerra Civil i que havia estat abans un dels fundadors de l'Associació per la Cultura de Mallorca el 1923, així com del partit mallorquinista-catalanista anomenat Centre Autonomista de Mallorca el 1930. Activista catòlic local, fou president del Centre de Lectura Ramon Llull, entitat plenament integrada a la parròquia. Claverol té un bon record a Sant Jordi, tot i que fomentat pel Franquisme i l'església local que, en canvi, amagà la memòria d'un altre metge republicà.

Aquest metge fou Bernat Serra Vives (1889-1971), que fou tancat al castell de Bellver i permutat per un altre pres que estava a Barcelona. Hagué de passar la frontera al final de la Guerra Civil i anà a parar al camp d'acollida o de concentració d'Argelers —al Rosselló—, on hi fundà un dispensari amb la seva futura dona, Remígia Altamira Bolaño, acabant ambdós a l'exili a Mèxic. Pel que fa al metge Claverol també passà una temporada amagat a Barcelona, on el sorprengué l'inici de la Guerra Civil.

[10'] Just en aquest indret ens trobam l'antiga farinera de Sant Jordi, fundada cap a principis dels anys 1920 de la que, ben aviat, passà a ser propietari Guillem Mut Crespí, mentre que al final dels anys 40 tendria ja la fesomia exterior que podem veure. El

Ca sa Forastera, a la confluència dels camins de Can Descalç i de Son Binissalom.

seu funcionament acabà el 1970. Actualment està condicionada com a centre cultural i biblioteca municipal. A partir d'aquí, en arribar al final del carrer del Metge Claverol, farem un parell de girades esquerra-dreta fins a sortir al camí de Son Binissalom, just després de Can Forner, que queda a l'esquerra de la sortida del poble, després de passar pels carrers Embat i d'Enmig.

[20'] Ubicats a la cruïlla dels camins de Sant Jordi, de Son Ferrer i de Son Binissalem, giram a la dreta per seguir aquest darrer, assenyalat amb un indicador de fusta com a ruta cicloturista. Deixarem a l'esquerra les cases de Can Conet, propietat de la família Mut de sa Farinera —família dels primers batles pedanis del poble—, dalt d'un serral perpendicular a Sant Jordi. Aquesta petita altura ja ens permet albirar un paisatge ondulat ocupat per les pletes de sa Farinera, Can Conet i Son Ferrer. A baix del turó tenim les cases de Ca sa Forastera.

[40'] De cap a Llevant, deixam a la dreta els camins de sa Cabana i de Can Bord i, a l'esquerra del camí, després del primer camí de Son Ferreret, es poden veure al fons les cases d'aquesta possessió segregada de Son Ferrer dins unes tanques poblades d'ametlers vells i garrovers. A la dreta, sementers de blat.

Fita de la partió de terme entre Palma i Llucmajor, a prop de Son Binissalom.

[45'] Un poc abans de l'entrada a la possessió de Son Ferreret, ens arriba per la dreta el camí del Cementiri que també condueix a Can Descalç. Val la pena deturar-se un moment per a contemplar les cases que hi trobam en el cap de cantó, una construcció de dos aiguavessos —també es deia Ca sa Forastera— i una fonteta a l'entrada. Seguim, però, pel camí de Son Binissalom.

[1h] Al final d'una llarga costa —la meitat del recorregut de la ruta és un ascens suau i continuat— deixam a l'esquerra el camí de sa Cabaneta —o de Can Pou—, mentre seguim dret pel de Son Binissalom. Trobam un segon indicador de fusta de la ruta cicloturista Platja de Palma - Llucmajor. Poc abans d'arribar a Son Binissalom, a mà dreta, tenim el camí de Can Vola-vola. Tots aquests indrets, i fins i tot els que seguiran fins a Llucmajor i Algaida, eren llocs propicis a guardar mercaderies, sobretot durant els anys anomenats de «la fam». Hem sentit contar que per allà s'hi guardava blat o farina que hauria servit per a l'estraperlo i més envant d'altres productes. En tot cas molts de productes de

contraban no es podien guardar molts de dies en els secrets a prop de la mar per causa de la humitat.

[1h 20'] Assolim la nostra màxima cota dins el terme municipal de Palma, devers 200 m d'altitud, just quan passam per devora la possessió de Son Binissalom, a la nostra esquerra. Deixam l'asfalt i seguim fent passes per un camí de terra fins a l'altura d'un portell obert, on la nostra via s'estreny.

Les cases de Son Binissalom foren el lloc d'un dels crims del bandoler Joan Durí. Allà hi matà un infant perquè estava malalt. L'escriptor Sebastià Alzamora, a *La Malcontenta*, en fa la corresponent versió novel·lada: «En Miquel va posar la cara damunt la boca del trabuc i un tret el va decapitar. No va tossir més».

[1h 25'] En el portell trobam la fita de terme, la partió entre els municipis de Palma i Llucmajor. En aquest primer tram per terres llucmajoreres, el paisatge canvia radicalment. Avançam per un camí de carro envoltats de garriga per dins dels dominis de Son Mendivi —del cognom *Mendívil*, però adaptat a la nostra parla. Passarem fins a dos portells oberts mentre seguim el perfil irregular d'un tram de ruta solcat per torrents que des de la banda de Llucmajor es llencen pels comellars rosts i petits barrancs dels voltants de Son Gual, prop de les Costes de Xorrigo.

[2h 05'] Després d'un tercer portell, a partir de la partió de terme, ens trobam a la dreta les cases de Son Mendivi de Baix.

Son Mendivi, procedeix de l'antiga alqueria i possessió de Galdent. Pel que fa a aquest nom i una mica de la seva història podem dir que prové del seu primer propietari que fou Antonio Mendívil Borreguero, militar navarrès, que la comprà a mitjan segle XIX. En tot cas, el nom de Mendívil, segurament de les seves germanes, està emparentat pel matrimoni successiu de Francisca, primer, i després de morta, de la seva germana Isabel Mendívil, amb l'enginyer Pau Bouvy que dessecà el Prat de Sant Jordi per aquelles dates.

[2h 10'] Poc després, damunt un revolt del camí, ens situam enmig d'una important cruïlla: tot dret, tenim el camí que ens duria a Algaida; cap a la dreta, la continuació de la ruta cap a Llucmajor. I aquí dividim aquesta ruta en dues.

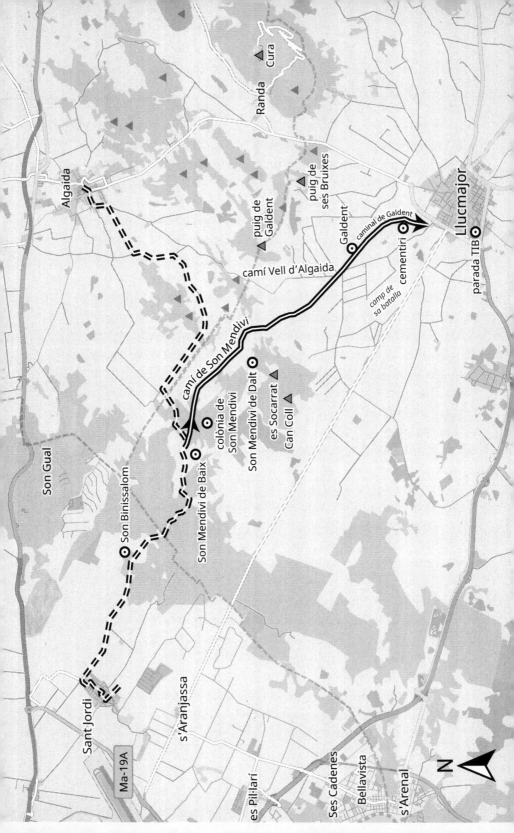

CAMINS DE SON MENDIVI I DE GALDENT
(1. LLUCMAJOR)

Entre Son Mendivi de Baix i Llucmajor hi ha restes arqueolò-
giques talaiòtiques, encara que no les trobem mentre caminam
—per exemple el Sementer dels Clapers a Son Mendivi de
Dalt—, alguna pedrera —la més famosa a les coves de Gal-
dent—, topònims de bandolers —com la Cova dels Lladres
a prop de l'esmetada possessió—, moltes barraques de roter
i restes de l'anomenada cultura de l'aigua en un paratge amb
unes terres en què aquesta havia de ser molt ben administrada.
De fet, tot el temps passam per l'antiga alqueria o possessió de
Galdent que ens mostra unes cases molt interessants pel que fa
a arquitectura i història. A Son Mendivi hi ha les restes d'una
antiga colònia agrícola que esmentarem. Després de Galdent
ve el cementiri de Llucmajor que aporfitarem per fer memòria
de la Guerra Civil i per parlar d'algunes persones rellevants de
la vila.

RUTA A LLUCMAJOR: [2h 10'] Continuam, idò, fent passes
per terres llucmajoreres fins a les darreres conseqüències. Des
que hem deixat la cruïlla, el nostre camí s'ha anat eixamplant
fins que passat un quart portell obert recuperam l'asfalt que en
uns dos-cents metres ens du a dos portells, un a cada banda de
camí. El de l'esquerra amb unes barreres grosses. El de la dreta,
amb les barreres més senzilles, però igualment tancades i amb
un rètol d'un vedat de caça privat, condueix a l'antiga Colònia
de Son Mendivi.

El Puig de ses Bruixes des del Camí de Galdent.

Antonio Mendívil Borreguero va voler establir a les seves terres una colònia agrícola el 1876 aprofitant la Llei de colònies agrícoles i poblament rural de 1868. Aquesta llei donava avantatges fiscals al colons, gent pobre que volia terres, i als propietaris, alhora que també eximia els colons d'entrar al sorteig de les quintes per a fer el servei militar. En aquestes colònies s'hi feia tot un planejament i s'hi havia de construir una església. Havien d'estar almenys a més de set quilòmetres del poble. La de Son Mendivi va ser un fracàs, però en resten unes quantes construccions al mig de la garriga. D'altres varen ser la Colònia de ses Comunes Velles —Campos—, la Colònia des Fusterets —Alcúdia— i més. Entre aquestes podem esmentar localitats turístiques d'avui en dia; la Colònia de Sant Pere —Artà—, la Colònia de Sant Jordi —ses Salines—, Portocristo —Manacor— o Portocolom —Felanitx. Totes projectades aquells anys.

[2h 25'] A la dreta podem veure els puigs de Can Coll o Son Canals i el des Socarrat, elevacions destacades d'un llarg serral que hem de travessar abans d'iniciar el llarg descens fins a la vila de Llucmajor. Recordem que som dins les terres d'en Durí, Joan Puig Calafat, el bandoler mític, i real, del segle XIX que tenia atemorida la població, i dels traginers que vivien i es movien per la comarca de Migjorn de Mallorca.

[2h 55'] Just quan estam a punt d'assolir la cota màxima de la ruta, 320 metres, trobam a la dreta Son Mendivi de Dalt i el camí de la pedrera de sa Cabana. Després, a l'esquerra, el camí de ses Covetes, de terra. Després d'un collet gairebé imperceptible iniciam el descens, llarg i suau fins a la nostra destinació. Ben davant tenim la rocosa i agresta Serra de Galdent, frontera natural entre Algaida i Llucmajor, entre el Pla i el Migjorn, amb la seva doble i curiosa toponímia. Així, la principal alçada d'aquesta serra que tenim a la vista és el puig de Son Roig (420 m), per als algaidins, i de Galdent, per als llucmajorers.

A partir d'ara, un dels nostres principals entreteniments serà, a banda de la bellesa del paisatge, la contemplació de les nombroses barraques de roter o de curucull que anirem trobant fins poc abans d'entrar dins la vila. Es tracta d'un tipus de construcció petita i austera, d'una sola planta i una única obertura, característica de Mallorca, que feien servir els pagesos que conreaven terres d'altri, generalment de poca qualitat. En el cas de Llucmajor totes les barraques de roter es troben inventariades i catalogades.

[3h 30'] Deixam de banda el camí Vell d'Algaida, que ens arriba des de la nostra esquerra, i pocs metres després el caminal de ses Puntes. Tot seguit ens situam sobre una important cruïlla. A la dreta, una barraca de roter que fa cap de cantó amb el camí de ses Puntes de Galdent o de sa Basseta. I a l'esquerra, perfectament retolat, el caminal de Galdent. Deixam el camí de Son Mendivi per continuar la nostra passejada per aquesta camada que ens durà a conèixer el bessó d'aquesta contrada.

A la part dreta del camí de Son Mendivi, si el seguíssim, i fins a la carretera de Llucmajor, hi ha el lloc anomenat Camp de sa Batalla. A la Batalla de Llucmajor (1349) s'enfrontaren les forces dels reis Pere el Cerimoniós i Jaume III. Jaume III hi va morir. D'aquesta manera acabà el període de reis privatius i el Regne de Mallorca es reincorporà com a tal i fins a 1715 a la Corona d'Aragó, també coneguda, historiogràficament, com a confederació o corona catalano-aragonesa.

[3h 35'] A l'altura del Caminal de ses Puntes, a la nostra esquerra, s'acaba l'asfalt. A partir d'aquí, ja som ben a prop de les cases de Galdent, on hi arribarem en cinc minuts escassos. Galdent eren totes les terres que hem fet des de l'entrada al municipi de Llucmajor.

Al *Llibre del Repartiment*, acabada la conquesta catalana de Jaume I, trobam aquesta alqueria amb el nom d'*Algaudence*. La nova possessió passà per diverses mans de la noblesa com Guillem Forcimanya, els Montanyà i els Santacília. Eren terres de pastura de bestiar oví sobretot —a més de muls, someres, i cavalls—, de vinya, de blat i de carbó d'alzina. A l'indret hi trobam un empedrat al camí i diverses dependències totalment abandonades, així com aljubs, cisternes i diferents elements arquitectònics com gàrgoles. I dins les segones cases el que podria ser un celler amb arcs i voltes d'aresta. També s'hi entreveuen cases amb un forn i algunes barraques de roter. A la casa senyorial hi ha unes quantes finestres amb dos balcons i a la cantonada del camí un escupidor de carros. També hi ha algunes finestres amb unes llindes amb un element conopial a la dovella central. Un conjunt que mereix una millor sort perquè es perd una de les joies de les possessions del terme de Llucmajor que, a més, es troba molt a prop de la vila (1,6 km).

[3h 40'] El camí serpenteja per davant les cases i acaba sortint entre el coll d'una cisterna, a l'esquerra, i una barraca mig esbucada, a la dreta, en direcció sud-est i per damunt d'un vell empedrat que ens deixa sobre el caminal, ara més alt que els sementers que l'envolten.

Ben davant, al fons, gaudim de l'espectacular visió del campanar de l'església neoclàssica de Sant Miquel de Llucmajor, bastida entre 1784 i 1822 amb maresos de les pedreres de Son Fullana, Son Mulet i Galdent. A l'esquerra, ens domina la panoràmica de la Serra de Galdent i el massís de Randa.

[3h 55'] Seguim en el camí de Galdent i giram a la dreta en direcció al cementiri municipal, on hi podem fer una aturada que afegirà a la ruta, però, quinze minuts més.

A l'entrada principal, damunt el portal, podem observar una creu al mig de dos àngels. Són unes escultures del conegut artista mallorquí Tomàs Vila Mayol. L'ajuntament de la dictadura primoriverista encarregà el projecte a aquest escultor cap a finals de 1930. El 1931, però, el nou ajuntament republicà considerà que els àngels i la creu no havien d'estar en un cementiri perquè aquests espais s'havien de secularitzar. Així que les escultures no es posaren fins ben aviat després del cop d'estat del 1936. Aquesta informació l'hem extreta de l'historiador Pau Tomàs —revista *Llucmajor de Pinte en Ample* de gener de 2020.

D'altra banda el cementiri de Llucmajor també ha estat testimoni de la Guerra Civil. Entrant per la porta esmentada, a mà esquerra, i al darrer vial a la dreta, trobam la tomba —15 del quadre 15è— de Julià Fullana Mas —de trenta anys, en 1936—, trencador de marès i socialista, que fou mort i tirat al pou de s'Àguila —a sa Marina de Llucmajor. No fa gaire temps, després de vuitanta-tres anys, es recuperaren les seves restes i rebé sepultura a la tomba dels seus familiars gràcies a la tasca del Govern de les Illes Balears, Memòria de Mallorca i diferents historiadors.

També fa pocs anys s'excavà una fossa per part de la Societat de Ciències Aranzadi on s'hi trobaren les restes de tres republicans que varen ser identificats: Antoni Oliver Jordà de Pollença, Miquel Martorell Gelabert d'Orient i Macià Salvà Moll del Coll d'en Rabassa. Macià Salvà, un trencador de 32 anys, fou assassinat poc temps després que hagués denunciat un capellà per abusos a menors. No es trobaren les restes de Sebastià Vidal Vidal, un antic guàrdia civil de Santanyí que se sap que fou enterrat a Llucmajor. Tots quatre havien estat assassinats a la carretera vella de Palma a Llucmajor entre els quilòmetres 19 i 20, prop de l'indret anomenat na Bòtila, segons ha investigat l'historiador Bartomeu Garí.

Pel que fa a persones llucmajoreres conegudes, tenim que a la part del mig del cementiri hi ha la tomba —27 del quadre ter-

Façana principal de les cases de Galdent.

cer— de la poetessa de l'Escola Mallorquina, o del noucentisme
català, Maria Antònia Salvà Ripoll (1869-1958), de sa Llapassa.
Reproduïm part del seu poema de 1936 «L'enterrament familiar»,
que ens indica la seva tomba si ens situam a la capella en direcció
llevant:

> A la destra de Crist arredossada
> està ma fossa —la de l'avior—;
> hi vaig tot passejant qualque vegada
> a recitar ma breu oració;
>
> i bes la pedra —que ha lleument rosada
> la pàtina del temps —amb quina amor!
> Per la mà de mon pare fou gravada
> la quasi secular inscripció. [...]

Prop de la tomba de Maria Antònia Salvà, que tot i ser catalanista donà suport a Franco, trobam la de Pere Sastre Obrador (1895-1965), Pere de Son Gall, —35 quadre 3r, on hi ha una petita inscripció amb el seu nom—, el precursor de l'helicòpter i inventor del *cometagirovió*, del qual hi ha una rèplica al Claustre de Sant Bonaventura feta per professors i alumnes de l'aleshores Institut de Formació Professional Pere de Son Gall. La tomba, actualment, és propietat de la Casa de l'Hospici —Germanes de la Caritat de Llucmajor, que foren les seves hereves. Sobre el tema podem llegir la novel·la de Sebastià Alzamora *Miracle a Llucmajor* i la biografia de Joan Salvà Caldés *El precursor llucmajorer de l'helicòpter: Pere Sastre Obrador, de Son Gall (1895-1965)*. Fugint de la capella a mà esquerra tenim, a nom dels seus pares, la tomba —67 quadre 2n— d'Antoni Catany Jaume (1942-2013), reconegut fotògraf de fama internacional.

Seguim en direcció al poble, pel passeig que el connecta amb el seu cementiri. Ens ajuntam de bell nou amb el camí de Son Mendivi.

[4h 15'] I en menys de cinc minuts, arribam a la plaça de Fra Jeroni Boscana —així ho posa la placa de la rotonda—, on hi ha un vell molí fariner sense aspes, just a l'entrada del poble. Des d'aquí, la nostra ruta fins a la parada de l'autobús —Ronda de Migjorn / Ma-19A— discorrerà pels carrers de Galdent, d'en Rigo, de Ciutat i del Grup Escolar fins assolir la plaça/parc Rufino Carpena, mestre i pedagog, que estigué a Llucmajor, on publicà la revista *Educacionista* (1912-1913), entre 1909 i 1916.

[4h 25'] Final de la ruta llucmajorera.

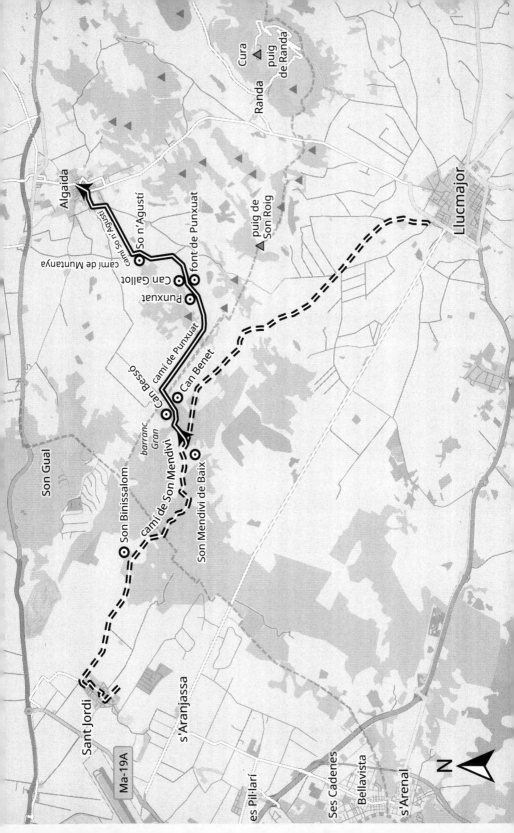

CAMINS DE SON MENDIVI I DE PUNXUAT (2. ALGAIDA)

Transcorrem una mica per les terres de Son Mendivi de Baix fins arribar aviat a la partió entre els termes de Llucmajor i Algaida. Un paisatge àrid en general, primer de terres primes però també d'ametlers, garrovers, figueres, figueres de moro, alzinars, i de garriga com pins, ullastres, mates o llestiscles, albons, fonoll, esbarzers, etc. Trobam cases provinents d'establits i la important i històrica possessió de Punxuat al voltant de la qual també hi ha restes talaiòtiques i d'altres moments de la prehistòria balear. Tornam tenir el tema de l'aigua i les diferents maneres d'arreplegar-la. Un territori encara avui allunyat de les grans rutes de comunicació de l'illa. Fins a arribar a Algaida, terme municipal de profunda arrel lul·liana a més de forta memòria de la repressió contra els republicans i de festa íntimament lligada als cossiers, la dama i el dimoni. La ruta té la primera part en la de Sant Jordi a Son Mendivi de Baix.

RUTA A ALGAIDA: [2h 05'] Després d'un tercer portell, a partir de la partió de terme, ens trobam a la dreta les cases de Son Mendivi de Baix.

[2h 10'] Poc després, damunt un revolt del camí, ens situam enmig d'una important cruïlla: tot recte, tenim el camí que ens durà a Algaida; cap a la dreta, la continuació de l'anterior ruta cap a Llucmajor —opció 1. Seguim recte, idò, fent passes encara per terres llucmajoreres.

Ja hem parlat, a la primera part, de les malifetes del bandoler Joan Puig Calafat «en Durí» (1802-1829), que tenia els seus caus

Cases i capella de Punxuat, possessió emblemàtica d'Algaida.

en aquests indrets. La història, més aviat la llegenda, ha estat fins no fa gaire ben coneguda per l'entorn del Pla de Sant Jordi, Algaida i Llucmajor. Ara, l'escriptor Sebastià Alzamora l'ha tornada a popularitzar. En tot cas, l'escriptor algaidí Bartomeu Monserrat Mudoi (1848-1924), mestre Tomeu Memes, fou un dels seus grans mantenidors a partir de l'obra de teatre, escrita en un to moralitzant, *Les Coves de Galdent* [original: *Las Covas de Galdent*], estrenada a Barcelona el 1883 i publicada el 1927. Aquesta obra va ser representada per diferents grups locals, almenys a Sant Jordi, devers els anys 1950 i 1960. D'ella, en la qual *en Durí* es deia Rafel, reproduïm uns versos que ens mostren una part de la personalitat del malvat bandoler [Acte Primer. Escena XII]. L'obra està escrita en modalitat barcelonina i així es representava també a Sant Jordi. Aquí feim la reproducció en ortografia normativa:

110

—Treballo molt cada dia,
no em perdo per la peresa,
oculto ma picardia,
uso de la hipocresia
fent mil forces de flaquesa.
El vell m'estima, ja ho sé,
d'això ne tinc moltes proves,
però avui li fugiré
i em poso de bandoler;
ma casa serà a les Coves.

Tres-cents duros... suma gran...
los han deixat en aquí;
en aquest calaix estan;
jo per ells soc un imant
i fàcil los faig seguir.
D'*homo* covard res s'escriu;
ja sé que si els prenc m'afronta...
si els deixo, no soc prou viu;
sento lo pare que em diu;
«¡Pren-los, pren-los, apa, *tonto*!»

Avisos d'ell he tingut,
donant-me eixa instrucció,
em deia: «Sigues astut,
no creguis en la virtut
quan se't presenti ocasió».
Rumio lo que haig de fer...
la bona ocasió tinc ara...
¿Què faig? ... ¿Los hi robaré? ...
En la virtut no hi creuré;
faig *lo* que em va ensenyar el pare.

[2h 20'] Després d'una baixada sobtada però suau, passa-
rem un portell obert i tot seguit travessarem la capçalera del
Barranc Gran.

El Puig de Son Roig (Puig de Galdent) des del Camí de Punxuat.

[2h 25'] El Barranc Gran és un comellar que baixa cap a les Costes de Xorrigo, a l'altura de l'Hostal des Pla. Deixam les cases de Can Benet a la dreta i les de Can Bessó a l'esquerra, i unes passes més endavant trobam la fita de terme, el senyal de pedra que determina la divisió entre els municipis de Llucmajor —que senyala amb una *LL*— i Algaida —senyalada amb una *A*.

[2h 30'] El nostre camí desemboca en un altre de millor.

[2h 40'] Aquest ens arriba per l'esquerra des de la urbanització de Son Gual i el seguirem cap a la dreta sempre recte; és el camí de Punxuat.

[2h 45'] Arribam a una cruïlla important; a l'esquerra deixam el camí de Boscana i davant nostre el camí que hem de seguir a partir d'ara, en suau i progressiu ascens.

[2h 55'] A l'esquerra trobam les cases de Son Canals i ben davant, a la dreta, un vell molí fariner des del qual s'obtenen unes vistes meravelloses cap a la Serra de Tramuntana i el sector ponent de l'illa.

112

[3h 05'] En arribar a la part alta del camí, aquest fa un gir brusc de sud-est cap a nord-est vorejant un llarg serral que deixam a l'esquerra. Deixam a la dreta les cases de Son Forners i tot seguit uns xalets —es Pinaret i es Tancat des Pi—, darrera dels quals i a certa distància s'alça el puig de Son Roig —de Galdent per als llucmajorers— i més al fons el massís de Randa.

[3h 20'] Ja som ben davant les cases de Punxuat. L'indret de Punxuat té uns milers d'anys d'història. Per començar, hi ha una cova prehistòrica i també, vora les cases de Can Gallot, que segueixen tot d'una a les de Punxuat, al costat mateix del camí, hi ha unes sepultures excavades a la roca que es poden veure perfectament i que podrien ser de cap als 1500 aC. No gaire lluny a l'esquerra del camí, però sense poder-lo veure, hi ha el poblat talaiòtic anomenat jaciment de sa Serra - Punxuat.

Les cases i terres de Punxuat, topònim d'origen desconegut, ja apareixen en el *Llibre del Repartiment* de 1232 i es creu que hi hagué un convent de frares mendicants dels cavallers de l'Ordre de Sant Jordi d'Alfama, els mateixos que els de l'oratori de Sant Jordi. Aquest edifici, amb tres trams d'arcs apuntats, va ser posteriorment convertit en celler, ja que hi hagué vinya fins a l'aparició de la fil·loxera el 1891, quan hi havia nou quarterades dedicades a aquest conreu. Després hauria estat un paller segons l'actual disposició de l'edifici. També hi ha una torre de defensa originària del segle xiii o xiv. I abans un gran edifici annex a l'antiga capella desaparegut el 1927. L'antiga capella té un rústic i petit campanar de paret acabat en una creu que s'havia traslladat a la torre de defensa i en la darrera reforma-restauració de 1980 va ser restituït al seu lloc originari. La capella té la forma de les antigues esglésies de repoblació dels segles xiii i xiv. En els segles xvi i xvii Punxuat era propietat de la família noble dels Santacília, a l'igual que Galdent, fins que la vengueren a l'Ajuntament d'Algaida el 1668 passant a ser una propietat comunal que sofrí, en diferents etapes fins al segle xix, diverses parcel·lacions. Les cases després passaren per diferents propietaris. A prop de Punxuat, anant al camí de Can Cícero, hi ha un aljub totalment excavat a la roca d'una cabuda de quatre-centes tones d'aigua. Passades les cases de

Punxuat i de Can Gallot, a mà dreta, però ja dins el coster, hi ha la Font de Punxuat i a la part baixa del comellar un albelló que travessa la vall.

[3h 45'] El camí de Punxuat desemboca en el camí de Muntanya —una altra ruta de transhumància cap a la Serra de Tramuntana— que seguirem a l'esquerra —nord/nord-oest— fins que, arribats a l'altura de les cases de So n'Agustí, voltarem a la dreta. Abans del camí de Muntanya hem trobat restes d'un coll de cisterna a mà esquerra.

[3h 55'] Pel camí del mateix nom en direcció a Algaida. Entrarem dins la vila per la confluència dels camins de So n'Agustí —el nostre— i el de Son Miquel Joan.

[4h 15'] Davant tenim el carrer del Sol, però nosaltres girarem a l'esquerra pel carrer de Cabrit i Bassa seguint els indicadors que ens menen cap al centre pel carrer del Campet. Just en voltar cap aquest carrer a mà esquerra hi ha el de na Fiola, on ben a prop trobaríem el Celler de Can Majoral. Seguim però el carrer del Campet fins al de l'Amargura, on voltarem a la dreta fins a la Creu del Colomer (1579); una de les quatre que conformen el Quadrat dels Cossiers el dia de la revetlla de Sant Jaume. I des d'aquí, pel carrer del Migdia, tot dret cap a Plaça. Si hi ha temps per afegir els caminants podem anar a visitar l'església gòtica del poble iniciada en el segle XVI. Algaida dona de si per a moltes excursions de temàtiques diferents però amb una història molt lligada a la figura de Ramon Llull.

[4h 35'] Sortint cap a Palma pel carrer de la Tanqueta fins a la carretera general hi trobareu diverses parades dels busos TIB que passen per Algaida. Informau-vos-en a la pàgina web <www.tib.org>.

BIBLIOGRAFIA

Actes de les I Jornades d'Estudis Locals de Llucmajor. 10 i 11 de novembre de 2017. Llucmajor: Ajuntament de Llucmajor, 2018. 2 volums.

Actes de les II Jornades d'Estudis Locals de Llucmajor. 9 i 10 de novembre de 2018. Llucmajor, Ajuntament de Llucmajor, 2019.

ALCOVER, A. M. (1973). «Sa jaia Gri». *Rondaies mallorquines d'en Jordi des Recó,* tom IX, 26-50. Palma: Editorial Moll, 4a ed.

Algaida. Cinquenes Jornades d'Estudis Locals. Llucmajor: Mancomunitat del Pla, 2003.

ALZAMORA, S. (2015). *La malcontenta.* Barcelona: Raval Edicions SLU, Proa.

ARXIDUC LLUÍS SALVADOR D'ÀUSTRIA (1999). *Les Balears, descrites per la paraula i la imatge, 1869-1891.* Palma: Promomallorca Edicions, S.L.

BIBILONI, G.; CAPELLÀ, M. A.; FULLANA, P.; MULET, A.; MULET, P. (1999). «Algaida». *Guia dels pobles de Mallorca,* coordinació Pere Fullana i Margalida Tur. Palma: Edita Hora Nova, S.A.

BIBILONI, G. (2012). *Els carrers de Palma. Toponímia i patrimoni de la ciutat.* Palma: Gabriel Bibiloni.

CABELLOS, M. (2016). *La Platja de Palma. Evolució històrica i planejament urbà.* Palma: Edicions Documenta Balear.

CALVIÑO, C.; CLAR, J.; GRIMALT, M.; FONT, B. (2000). «Llucmajor». *Guia dels pobles de Mallorca,* coordinació Pere Fullana i Margalida Tur. Palma: Edita Hora Nova, S.A.

Canals, P. (2010). *S'Arenal que he viscut*. Palma: Edicions Documenta Balear.

—— (2010). *S'Arenal que m'han contat*. Palma: Edicions Documenta Balear.

—— (2013). *S'Arenal – Can Pastilla, Platja de Palma*. Palma: Pere Canals.

Cañellas Serrano, N. S. (2001). *El ferrocarril a Mallorca. La via del progrés*. Palma: Edicions Documenta Balear.

Carrió Trujillano, B. (2016-2019) *Viure la història*. [Consultat: 18 agost 2019]. Disponible en línia: <https://blocs.mesvilaweb.cat/tomeucarrio1201>

Castells, M.; Grimalt, M.; Pascual, M.; Valero, G. (2003). «Palma». *Guia dels pobles de Mallorca*, coordinació Pere Fullana i Margalida Tur. Palma: Edita Hora Nova, S.A.

Clar Monserrat, J.; Calviño Andreu, C. (2008). *El bé de l'aigua: aljubs, basses i d'altres construccions hidràuliques de Llucmajor. Pregó de Fires 2008*. Llucmajor: Edita Ajuntament de Llucmajor.

Coll, T. (2019). *Badlands. Raised by bones*. Berlín: Kehrer Verlag Heidelberg.

Escanelles Garau, M. A. (2007-2019). *Toponímia de Mallorca*. [en línia]. [Consultat: 20 agost 2019]. Disponible en línia: <https://www.toponimiamallorca.net/>

Fiol Obrador, V; Fiol Obrador, T. (2015). *Els cinemes de Palma*. Palma: Òrbita Editorial.

Font Obrador, B. (1972-2001). *Història de Llucmajor*. Palma: Ajuntament de Llucmajor. 9 volums.

Galiana Veiret, P. (2013). *Es Cabo Loco. El glosador del Coll d'en Rabassa*. Palma: Lleonard Muntaner Editor.

—— (2015). *Es Carnatge i l'illot de sa Galera*. Palma: Lleonard Muntaner Editor.

—— (2018). *Església i religió al Coll d'en Rabassa (1884-2018)*. Palma: Lleonard Muntaner Editor.

—— (2019). *Malnoms des Coll d'en Rabassa. Recull i anecdotari*. Palma: Edicions Documenta Balear.

García Llinás, A. (2002). *Pla de Sant Jordi. Història d'un poble*. Palma: Alejandro García Llinás.

—— (2003). *Justicia y Piedad. El crimen de Mallorca*. Palma: Alejandro García Llinás.

GINARD FÉRON, D. (2020). *Ateu Martí (1889-1936). Anticlericalisme i compromís republicà*. Barcelona: Publicacions de l'Abadia de Montserrat.

I Jornades d'Estudis: el Pla de Sant Jordi (2017). Palma: Ajuntament de Palma. Arxiu Municipal de Palma.

I Jornades d'estudis locals a Marratxí 1995 (1996). Marratxí: Editorial Esment. Ajuntament de Marratxí.

II Jornades d'estudis locals a Marratxí 1997 (1998). Marratxí: Editorial Esment. Ajuntament de Marratxí.

III Jornades d'estudis locals a Marratxí 2001 (2002). Marratxí: Ajuntament de Marratxí.

MARTORELL PAQUIER, D. (2019). *Margarita Leclerc i la revista* Concepción Arenal. *José Ruiz Rodríguez i s'Arenal (1927-1931). Pregó de les Festes de Sant Cristòfol 2018*. Palma: Edita Ajuntament de Llucmajor.

MASCARÓ PASARIUS, J. (1987). *Mapa general de Mallorca*, 2a ed. Palma: Editor V. Colom R.

MASSOT, B.; GRIMALT, M.; SASTRE, V. (2002). «Marratxí». *Guia dels pobles de Mallorca*, coordinació Pere Fullana i Margalida Tur. Palma: Edita Hora Nova, S.A.

MORAGUES RIBAS DE PINA, M. (2006). *La veu de les arrels*. Palma: Editorial Moll.

OLIVER JAUME, J.; FONT FERRÀ, B. (2018). *Bartomeu Font Cantallops i la fundació de Son Ferriol. Primer Centenari (1918-2018)*. Palma: Ajuntament de Palma.

ROSSELLÓ BORDOY, G. (1981-1984). «Son Oms: el santuario talayótico, su traslado y reposición». *Mayurqa*, vol. 20: 47-76.

—— (1997). *Les arrels musulmanes de les alqueries de Llucmajor*. Pregó de Fires 1996. Llucmajor: Edicions de l'Ajuntament de Llucmajor.

ROSSELLÓ VERGER, V. M. (2000). «El Prat de Sant Jordi (Mallorca) i la seva dessecació». *Treballs de la Societat Catalana de Geografia*, vol. XV, núm. 50: 119-139.

ROSSELLÓ VERGER, V. M.; SACARÈS MULET, J. (2014). *El Puig de Randa i les fonts del seu entorn*. Algaida: Ajuntament d'Algaida.

Sacarès Taberner, M. (2000). *Recull de barraques i casetes de Llucmajor*. Palma: Edicions Miramar. Ajuntament de Llucmajor.

Salvà Sastre, A. (2001). *Una passejada pels comerços de s'Arenal, 1940-1970. Pregó de les Festes de Sant Cristòfol. S'Arenal 2001*. Llucmajor: Edicions de l'Ajuntament de Llucmajor.

Salvà Tomàs, P. A. (1998). *La demografia de s'Arenal de Llucmajor: d'un poble de pescadors i trencadors a un centre turístic. Pregó de les festes de Sant Cristòfol de s'Arenal 1997*. Llucmajor: Edicions de l'Ajuntament de Llucmajor.

Sans, J.; Llabrés, J. (1998). *Son Ferriol, es nostre poble. 100 anys de Can Tunis*. Palma: Associació d'Agricultors i Ramaders Part Forana de Palma.

Sastre Pujol, M. (2000). *Possessions d'Algaida*. Palma: Ajuntament d'Algaida.

Sbert Garau, M. (2009). *S'Arenal, penombra als (meus) paradisos perduts. Pregó de les Festes de Sant Cristòfol 2008*. Palma: Edita Ajuntament de Llucmajor.

—— (2017). *El crim*. Palma: Lleonard Muntaner Editor.

Tomàs Ramis, P. (2018). *S'Arenal durant la II República. Una visió municipal. Pregó de les Festes de Sant Cristòfol 2017*. Palma: Edita Ajuntament de Llucmajor.

Tortell, M. A. (2020). *La revolta dels trencadors de les Cadenes. Pregó de les festes de Sant Cristòfol 2019*. Palma: Edita Ajuntament de Llucmajor

Valero Martí, G. (2008). *Els noms de Fora Porta de la Ciutat de Mallorca. Toponímia documentada del terme de Palma*. Palma: Ajuntament de Palma.

Vibot, T. (2006, 2007 i 2008). *Les possessions de Mallorca* (I, II i III). Pollença: El Gall Editor.

Vich Verger, F. (2007). *Trencadors dels segles XIX i XX. Pregó de les Festes de Sant Cristòfol de s'Arenal 2006*. Palma: Ajuntament de Llucmajor.

TAULA

Aquesta primera edició d'*Els camins de Palma (Volum primer)*, original de Bartomeu Carrió i Joan Carles Palos, constitueix el volum cent trenta de la col·lecció

Llibres de la Nostra Terra

S'acabà d'estampar a la ciutat de Palma (Mallorca), dia 11 de novembre de MMXX, festivitat de sant Martí de Tours, bisbe.

LAVS DEO